Kreative
Leckereien

Torten, Törtchen und süße Kleinigkeiten
mit Liebe dekoriert

Liebe Leserin, lieber Leser

Sie sind eine Naschkatze, die hübsche Leckereien liebt und diese auch gern selbst machen möchte? Dann ist dieses Buch genau das Richtige für Sie! Es ist randvoll gefüllt mit Tipps, Tricks, ausführlichen Anleitungen, einer kleinen Werkzeugkunde und vielen tollen Fotos. Schon beim ersten Blättern werden Sie sich vorstellen können, was ich an diesem kreativen Hobby liebe: das Erschaffen von Kunst, die man essen kann.

Als ich 2012 meinen Blog „Christina's Catchy Cakes" mit dem ersten Eintrag eröffnete, hätte ich mir nie träumen lassen, dass ich nur ein gutes Jahr später mitten in der Arbeit für das nun vor Ihnen liegende Werk stecken würde. Umso mehr freut es mich, Ihnen hiermit alles nötige Wissen an die Hand zu geben, damit Sie einen erfolgreichen Einstieg in die wunderbare Welt der kreativen Backkunst finden oder sich noch tiefer hineinbegeben können!

Das Augenmerk des Buches liegt auf der Dekoration der Gebäcke. Deshalb finden Sie hier auch keine aufwändigen Teige oder Füllungen, sondern lernen, wie Sie mit nur wenigen Grundrezepten, den passenden Dekorationsmaterialien und etwas Bastelgeschick Ihre Kaffeetafel zum Highlight machen und jeden Anlass mit einer passenden Leckerei krönen können.

Sie naschen lieber als Sie backen? Verschenken Sie dieses Buch an eine backbegeisterte Freundin oder einen Freund und Sie werden sicher schon bald zu den ersten Kostproben eingeladen.

Zum Schluss muss ich aber noch eine Warnung aussprechen: Kreative Backdekorationen machen süchtig! Wenn Sie einmal damit angefangen haben, wird Sie dieses Hobby nie wieder loslassen. Ich wünsche Ihnen ganz viel Freude dabei!

Ihre

Inhalt

Zuckersüße Kleinigkeiten

08 Whoopie Pies

10 Muttertagskekse

12 Kuchenpralinés

14 Mustergültiges Keks-Duo

17 Keks-Präsent fürs Gartenfest

20 Cremige Mini-Cupcake-Eistüten

22 Osterkörbchen

24 Melting Snowman-Cookies

26 Weihnachtliche Wunschkekse

Alles am Stiel

30 Ruffle-Cake Pops

32 Bonbon-Cake Pops

34 Valentins-Marshmallows

36 Blumen-Cake Pops upside down

38 Cookie-Twister

40 Ostereier-Cake Pops

42 Christbaumkugel-Cake Pops

Torten und Törtchen

46 Ribbon Rose-Cupcakes

48 Origami-Torte

51 Drei zauberhafte Mini-Torten

55 Cupcakes mit zweifarbigem Frosting

57 Patchwork-Torte

60 Ombre-Cake

62 Ostertorte

64 Kerzentorte zu Weihnachten

66 Allgemeine Anleitung

76 Was mache ich, wenn …?

77 Kleine Werkzeugkunde

Zuckersüße Kleinigkeiten

In diesem Kapitel dreht sich alles um süße Naschereien im Miniformat. Whoopie Pies locken uns mit ihrer cremig-luftigen Füllung und winzige Cupcake-Eistüten wecken die Sehnsucht nach Sonne, Strand und Meer. Dann gibt es noch die leckersten Kuchenpralinés der Welt, die unter ihrer dunklen Schokohülle einen ganz besonderen Kern verstecken, und liebevoll dekorierte Kekse, die auf Muttertag, Ostern oder Weihnachten einstimmen. All diese kleinen Köstlichkeiten können Sie selbst genießen, sie sind aber auch ein ganz besonderes Mitbringsel für liebe Menschen.

Whoopie-Pies

fluffige amerikanische Minikuchen

 1 Den Backofen auf 180 °C vorheizen. In einer Schüssel die feuchten Zutaten für den Teig gut vermischen, in einer zweiten die trockenen Zutaten. Die trockenen Zutaten zu den feuchten geben und mit dem Handrührer zu einer dicken, cremigen Masse verarbeiten. Legen Sie zwei Backbleche mit Backpapier aus und geben Sie je einen halben Esslöffel Teig nebeneinander auf die Bleche. Lassen Sie zwischen den Teighäufchen etwas Abstand, da die Whoopies beim Backen auseinandergehen. Ca. 20 Minuten backen, dann auskühlen lassen. Legen Sie die Hälfte der Whoopies beiseite.

 2 Während die Whoopies backen, geben Sie das Marshmallow-Fluff mit der weichen Butter in eine Rührschüssel. Schlagen Sie beides miteinander auf, bis sich eine cremig-glatte, aber dennoch luftige, lockere Masse ergibt. Für 15 Minuten kalt stellen, damit sie etwas fester wird und sich leichter spritzen lässt. Geben Sie die Füllung in einen Spritzbeutel mit Lochtülle, ø 1 cm, und spritzen Sie sie auf die flache Seite der Küchlein. Auf jedes bespritze Whoopie ein zweites als Deckel setzen.

 3 Einen Spritzbeutel mit der kleinen Lochtülle mit ESG füllen und schmückende Ornamente auf die Oberseite der Whoopies spritzen. Orientieren Sie sich dabei am Foto oder lassen Sie Ihre Fantasie spielen. Den Rand der Whoopies können Sie in Zuckerstreuseln oder einer ähnlichen, bunten Dekoration wälzen.

Hinweis: Wenn möglich, stellen Sie die Whoopie Pies besonders im Sommer bis zum Servieren kalt, da die Füllung schnell schmilzt.

Mein Tipp für Sie

Ich mache Whoopie Pies gern auch für unterwegs oder für Kinder, da man sie prima mit der Hand essen kann. Geben Sie etwas Marmelade zur Füllung, um sie geschmacklich zu variieren!

Muttertags-Kekse

rosarote Überraschung für die beste Mama der Welt

Voraussetzung
Grundanleitung Kekse
Grundanleitung Fondant

1 Backen Sie etwa 20 Kekse nach Grundanleitung, benutzen Sie dabei den herzförmigen Ausstecher. Während die Kekse auskühlen, 50 g weißen und 50 g roten Fondant marmorieren, wie in der Grundanleitung auf Seite 75 beschrieben, 1 mm dick ausrollen und fünf Herzen ausstechen. Die Fondantherzen mit etwas Wasser auf den Keksen anbringen.

2 Dann 50 g Fondant in Weiß und 50 g Fondant in Rosa ebenfalls marmorieren, ausrollen, ausstechen und auf fünf Keksen fixieren. Die Reste des unmarmorierten Fondants in Rosa und in Rot 1 mm dick ausrollen, ausstechen und damit je fünf weitere Kekse belegen. Nun sind alle 20 Kekse eingedeckt.

3 Den Rest des weißen Fondants 1 mm dick ausrollen und 12–14 Gänseblümchen, 35–45 kleine Blümchen sowie drei Schmetterlinge ausstechen. Außerdem zwei 6 cm lange Streifen schneiden und, wie auf Seite 46 beschrieben, drei kleine Ribbon Roses herstellen.

4 Nehmen Sie vom Rest des roten Fondants eine kleine Menge ab (kleiner als eine Erbse) und formen Sie einen Tropfen. Mit einem Küchenmesser an der breiten Seite einschneiden und die Rundungen ausformen, sodass ein Herz entsteht. Stellen Sie so zwei weitere Herzen her, jeweils eines kleiner als das vorherige.

5 Die ESG in den Spritzbeutel füllen und damit sowie mit den ausgestochenen und geformten Elementen die Kekse dekorieren, wie auf dem Foto zu sehen. Zum Fixieren der Fondantelemente dient etwas Wasser als Klebstoff.

Zutaten
Teig für ca. 20 Kekse
200 g Fondant in Weiß
100 g Fondant in Rot
100 g Fondant in Rosa
100 g Eiweißspritzglasur (ESG)

Hilfsmittel
Ausstecher, Herz, ca. 6 cm x 5,5 cm
Ausstecher mit Auswerfer für Gänseblümchen, ø 1 cm
Ausstecher mit Auswerfer für Blümchen, ø 0,5 cm
Ausstecher mit Auswerfer (Patchwork Cutter) für Schmetterling, ø 2 cm
Spritzbeutel mit Lochtülle, Größe 2

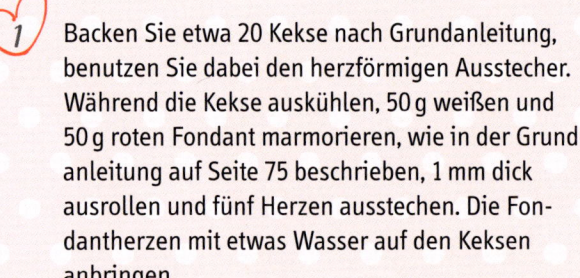

Mein Tipp für Sie

Kombinationen aus Untergrund und Dekoelementen entstehen bei mir immer spontan – seien Sie experimentierfreudig und probieren Sie verschiedene Variationen aus!

Kuchenpralinés

stellen jede andere Praline in den Schatten

Welches Muster sich aus dem zweifarbigen Teig ergibt, zeigt sich erst beim Aufschneiden oder Anbeißen.

Damit sie gut halten, sollten die Streuzuckerherzen sofort nach dem Überziehen der Pralinen aufgestreut werden.

 1 Stellen Sie die beiden Cake Pop-Grundmassen nach Schritt 1 der Grundanleitung auf Seite 67 her, wobei Sie einmal mit roter Lebensmittelfarbe eingefärbten Rührkuchen verwenden.

 2 Stechen Sie dann mit einem Teelöffel eine kleine Menge (etwa 10 g) von jeder Grundmasse ab und formen Sie aus den beiden Teilen eine zweifarbige Kugel. Stellen Sie auf diese Weise 20 Kugeln her und geben Sie sie für mindestens eine halbe Stunde in den Kühlschrank.

 3 Die Schokolade hacken und mit dem Kokosfett im Wasserbad schmelzen. Legen Sie eine gekühlte Kuchenkugel auf die Pralinengabel und tauchen Sie sie in die Schokolade. Etwas abtropfen lassen, auf ein Backpapier legen und mit den Zuckerherzen bestreuen, solange die Schokolade noch feucht ist. Auf diese Weise mit allen 20 Kugeln verfahren. Wenn Sie sie später aufschneiden oder genüsslich hineinbeißen, enthüllt sich ihr marmorierter Kern.

Voraussetzung

Grundanleitung
Cake Pops

Mein Tipp für Sie

Diese Kuchenpralinen lassen sich wunderbar variieren: Färben Sie den Teig in Ihrer Lieblingsfarbe oder geben Sie der Kugel einen Marzipankern, tauchen Sie die Kugeln in weiße oder Zartbitterschokolade und streuen Sie Krokant oder wälzen Sie sie in Kokosraspeln.

Zutaten

200 g Grundmasse für Cake Pops
aus rotem Teig
200 g Grundmasse für Cake Pops aus
ungefärbtem Teig
200 g Vollmilchschokolade
30 g Kokosfett
Streuzuckerherzen in Rosa

Hilfsmittel

Pralinengabel
(alternativ normale Gabel)

Mustergültiges Keks-Duo

Henna-Kekse und Schokotransferfolien-Kekse

Zutaten

für die Henna-Kekse
Teig für ca. 20 Kekse
300 g Schokoladenfondant
200 g Eiweißspritzglasur (ESG)

Hilfsmittel

Ausstecher, tropfenförmig, ca. 5 cm breit,
7 cm lang
Spritzbeutel mit Lochtülle,
Größe 2

Vorlage

Seite 79

Henna-Kekse

1. Fertigen Sie 20 Kekse nach der Grundanleitung auf Seite 66 an, benutzen Sie dabei den tropfenförmigen Ausstecher. Den Schokoladenfondant geschmeidig kneten und 1 mm dick ausrollen. Stechen Sie aus der Fondantplatte mit demselben Ausstecher, den Sie auch für die Kekse benutzt haben, 20 Tropfen aus. Bringen Sie auf jedem Keks mit etwas Wasser als Klebstoff einen Fondanttropfen auf.

2. Übertragen Sie das Hennamuster von der Vorlage auf den Fondant, wie in der Grundanleitung auf Seite 75 beschrieben. Füllen Sie dann die ESG in den Spritzbeutel und spritzen Sie das Hennamuster auf. Besonders hübsch sieht es aus, wenn Sie bei jedem Keks etwas variieren.

3. Lassen Sie die ESG kurz trocknen, dann können Sie die Kekse servieren oder für späteren Genuss in ein dekoratives Glas mit Deckel legen. In so einem Glas lassen sich die Kekse auch wunderbar verschenken.

Mein Tipp für Sie

Gestalten Sie die Henna-Kekse auch einmal mit buntem Fondant und mit goldfarbenen Akzenten aus essbarem Glitter, den Sie auf die noch feuchte ESG streuen. Sie werden sehen – diese Henna-Kekse sind ein Hingucker auf jedem Partybuffet!

Weiter geht es auf Seite 16.

Zutaten
für die Schokotransferfolien-Kekse

Teig für ca. 20 Kekse
400 g Fondant in Violett
2 Bögen Schokoladentransferfolie mit
Muster in Weiß

Hilfsmittel
Bügeleisen
Kreisausstecher, ø 5 cm

Mit Schokoladentransferfolie
können auch Anfänger ganz
leicht selbst filigrane Muster
auf Fondant übertragen.

Damit alles schön aussieht, ist
es wichtig, den Fondant gleichmäßig dick auszurollen.

Schokotransferfolien-Kekse

1 Eine noch einfachere und schnellere Methode, filigran gemusterte Kekse herzustellen, bietet sich durch die Nutzung von Schokoladentransferfolie. Backen Sie zunächst 20 Kekse nach Grundanleitung und benutzen Sie dabei den kreisförmigen Keksausstecher. Während die Kekse auskühlen, die Hälfte des Fondants 1 mm dick ausrollen.

2 Legen Sie nun einen Bogen Transferfolie mit der Plastikfolie nach oben auf den Fondant und bedecken Sie alles mit einem Bogen Backpapier.

3 Stellen Sie Ihr Bügeleisen auf die niedrigste Stufe (ohne Dampf!) und bügeln Sie vorsichtig über das Backpapier. Zum Testen, ob sich das Muster übertragen hat, die Folie an einer Ecke leicht anheben. Nach erfolgreicher Übertragung die Folie vorsichtig abziehen.

4 Stechen Sie mit dem Kreisausstecher zehn Fondantkreise aus und kleben Sie sie mit etwas Wasser auf die ausgekühlten Kekse. Mit der anderen Hälfte des Fondants und dem zweiten Bogen Transferfolie ebenso verfahren, bis alle zwanzig Kekse dekoriert sind.

Mein Tipp für Sie

Schokoladentransferfolien gibt es im Fachhandel in großer Auswahl. Ich finde sie ungemein praktisch, denn mit ihnen geht Dekorieren blitzschnell. Durch die Wahl verschiedener Motive können Sie die Kekse außerdem jedem Anlass entsprechend anders aussehen lassen!

Keks-Präsent fürs Gartenfest

im niedlichen Körbchen mit Blüte

Voraussetzung

Grundanleitung Kekse
Grundanleitung Eiweiß-
spritzglasur (ESG)
Grundanleitung Fondant

Anemonen-Kekse

1. Backen Sie 20 Kekse nach Grundanleitung, die Sie in Blütenform ausstechen. Dann den weißen Fondant 0,5 mm dick ausrollen und mit demselben Ausstecher 60 Blüten ausstechen.

2. Bearbeiten Sie die Fondantblüten nacheinander auf dem Foam Pad, wie in der allgemeinen Anleitung auf Seite 75 beschrieben. Der Fondant wird dabei ausgedünnt und wellt sich.

3. Befeuchten Sie die Blütenmitte an der Unterseite mit etwas Wasser und fixieren Sie die erste Fondantblüte mittig auf dem Keks. Zwei weitere Blüten versetzt darauf anbringen. Auf diese Weise alle Kekse dekorieren.

4. Für die Blütenmitten aus dem Fondant in Dunkelbraun einen 1,5 cm dicken Strang rollen und in 1 cm dicke Scheiben schneiden. Formen Sie aus jeder Scheibe eine glatte Kugel und drücken Sie sie etwas flach. Mit dem Wheel Tool (oder einem Frühstücksmesser) ein Gittermuster einprägen und das Stück Fondant mit etwas Wasser in die Blütenmitte kleben.

5. Abschließend mit der feinen Spitze des Lebensmittelfilzstifts schwarze Punkte um die Blütenmitten herum malen. Schon sind die Anemonen-Kekse erblüht!

Hinweis: Haben Sie keinen Lebensmittelfilzstift zur Hand, können Sie für die Punkte auch pastöse Lebensmittelfarbe und einen feinen Pinsel verwenden.

Zutaten

für die Anemonen-Kekse
Teig für ca. 20 Kekse
500 g Fondant in Weiß
200 g Fondant in Dunkelbraun

Hilfsmittel

Ausstecher, Blüte, ø 4 cm
Lebensmittelfilzstift in Schwarz
Foam Pad
Ball Tool
Wheel Tool

Lavendel-Kekse

1. Fertigen Sie 20 Kekse nach Grundanleitung an; benutzen Sie dabei den ovalen Ausstecher. Dann den weißen Fondant 1 mm dick ausrollen, 20 Ovale ausstechen, mit etwas Wasser befeuchten und auf den ausgekühlten Keksen aufbringen.

2. Mit dem Spritzbeutel zunächst die grüne ESG als Stiel auf die Kekse spritzen, dabei knapp über der Hälfte, an der Spitze und dazwischen etwas verzweigen. Zum Schluss mit der ESG in Violett kleine Punkte um die Verzweigungen der Stiele und entlang des Randes aufspritzen. Fertig! Orientieren Sie sich am Foto auf Seite 18.

Zutaten

für die Lavendel-Kekse
Teig für ca. 20 Kekse
200 g Fondant in Weiß
75 g Eiweißspritzglasur (ESG) in Violett
75 g Eiweißspritzglasur (ESG) in Grün

Hilfsmittel

Ausstecher, oval, ca. 6 cm x 5 cm
Spritzbeutel mit Lochtülle,
Größe 2

Weiter geht es auf Seite 19.

Material

für das Körbchen

Scrapbooking-Papier, 180 g/m², in
Hellgrün-Weiß kariert, 30,5 cm x 30,5 cm
Scrapbooking-Papier, 180 g/m²,
in Hellgrün-Weiß kariert, 6 cm x 30 cm
Seidenpapier in Violett mit
weißen Punkten, 30 cm x 30 cm
Klebestift
Garn

Zutaten

für die Kirschkekse

Teig für ca. 20 Kekse
30 g Eiweißspritzglasur (ESG) in Weiß
100 g Eiweißspritzglasur (ESG) in Rot
100 g Eiweißspritzglasur (ESG) in Grün

Hilfsmittel

Ausstecher, Herz, ca. 6 cm x 5,5 cm
Spritzbeutel mit Lochtülle,
Größe 2

Kirschkekse

1 Die Kekse mit dem Herzausstecher ausstechen, backen und auskühlen lassen. Spritzen Sie dann mit dem Spritzbeutel mit roter ESG zunächst die Umrandung der Kirschen auf die Herzkekse, dann füllen Sie die Kirschen aus, wie auf dem Foto zu sehen.

2 Stiel und Blättchen mit grüner ESG aufspritzen, dabei für das Blättchen die Tülle zum Schluss ruckartig zur Seite ziehen. Trocknen lassen und mit der weißen ESG die Glanzpunkte setzen. Mit runden Keksen und verschiedenfarbiger ESG können Sie so auch einen ganzen Obstkorb gestalten. Versuchen Sie es doch mal mit Orangen, Äpfeln, Melonen, ...

Körbchen mit Blume

1 Beginnen Sie mit dem Quadrat aus Scrapbooking-Papier. Falten Sie eine Ecke auf die gegenüberliegende und wieder auf, verfahren Sie genauso mit der anderen Ecke, sodass ein Kreuz sichtbar wird. Nun wie bei einem Briefumschlag alle Ecken sorgfältig in die Mitte falten. Anschließend alle vier Seiten einmal zur Mitte und wieder auffalten (Schrittbild 1).

2 Zwei gegenüberliegende Ecken wieder auffalten. Entlang der vorgefalzten Linie die beiden verbliebenen gegenüberliegenden Seiten aufstellen. Erst auf einer Seite die Ecken des Körbchens, wie auf Schrittbild 2 zu sehen, nach innen falten, dann die aufgeklappte Ecke des Quadrats darüber falten (Schrittbild 3). Mit der anderen Seite genauso vorgehen.

3 Für den Henkel den Streifen längs falten, zu einem Bogen formen und in das Körbchen stellen. An den Innenseiten des Körbchens mit etwas Klebstoff befestigen.

4 Für die Blume schneiden Sie das Seidenpapier in vier gleich breite Streifen und legen diese übereinander. Wie eine Ziehharmonika falten und mit etwas Garn in der Mitte zusammenbinden. Ziehen Sie die Ränder auseinander, sodass sich eine Art Schleifenform ergibt. Dann die einzelnen Seidenpapierschichten vorsichtig nach oben ziehen, die inneren etwas mehr, um die Mitte zu füllen, die äußeren etwas weniger. Befestigen Sie die Serviettenblume mit dem Garn am Körbchen. Jetzt kann das Körbchen mit den Keksen befüllt werden.

Mein Tipp für Sie

Geben Sie Ihrem Körbchen mit glitzerndem Tonkarton einen festlichen Touch oder bekleben Sie es mit Jute für einen herbstlichen Anlass.

Cremige Mini-Cupcake-Eistüten

bringen den Sommer auf die Zunge

Zutaten

für 16 Cupcakes

50 g Butter

50 g Zucker

1 Ei

3 EL Milch

50 g Mehl

Schale einer unbehandelten Zitrone

Msp. Backpulver

16 Waffelbecher mit Schokoladenrand

1 Den Backofen auf 180 °C (Ober-/Unterhitze) vorheizen. Die Butter mit Ei und Zucker schaumig schlagen, dann Milch, Mehl und Backpulver sowie die Hälfte der Zitronenschale unterheben und alles zu einem glatten Teig verrühren.

2 Die Waffelbecher bis zur Hälfte mit dem Teig füllen; hier ist ein Spritzbeutel mit großer Lochtülle hilfreich. Auf mittlerer Schiene 15–20 min backen, dann auskühlen lassen.

3 In der Zwischenzeit schlagen Sie für die Cremehaube die Butter mit dem Zucker, dem Rest der Zitronenschale und der Lebensmittelfarbe cremig auf, wobei Sie esslöffelweise den Frischkäse hinzugeben.

4 Mit einem Teelöffel je etwas Creme kreisförmig in leicht wippenden Bewegungen auf die ausgekühlten Cupcakes in den Waffelbechern auftragen. Zum Schluss jeweils den Löffel mit Schwung wegziehen, sodass eine kleine Spitze entsteht. Als krönenden Abschluss streuen Sie etwas Glitter darauf.

Mein Tipp für Sie

Essen Sie diese Mini-Cupcakes am besten frisch, damit die Waffelbecher nicht pappig werden. Wenn Sie sie vorbereiten möchten, backen Sie sie am Abend zuvor und bereiten Sie die Creme zu (kühl und gut verschlossen aufbewahren). Am nächsten Tag können Sie die Cupcakes dann kurz aufbacken, auskühlen lassen und schließlich die Creme wie oben beschrieben auftragen.

Zutaten

für die Cremehaube

80 g Puderzucker

50 g Butter

50 g Frischkäse

Lebensmittelfarbe in Rot

essbarer Glitter in Pink

Osterkörbchen

die würde auch der Osterhase gerne mümmeln

Voraussetzung

Grundanleitung Kekse
Grundanleitung Eiweißspritz-
glasur (ESG)
Grundanleitung Fondant

1 Fertigen Sie 20 Kekse nach Grundanleitung an und benutzen Sie dabei den ovalen Keksausstecher. Nach dem Auskühlen mit der braunen ESG die Umrandung des Körbchens sowie auf die untere Hälfte der Kekse die Streben spritzen. Verbinden Sie die Streben quer und achten Sie darauf, dass das Gitter nicht gerade, sondern in einem leichten Bogen verläuft. Gut trocknen lassen.

2 Nehmen Sie nun vom roten Fondant eine erbsengroße Menge ab und rollen Sie eine Kugel, die Sie dann leicht in die Länge modellieren und anschließend flachdrücken, sodass sich ein Oval ergibt. Mit einem Messer in der Mitte durchschneiden – schon haben Sie zwei halbe rote Ostereier. Formen Sie auf diese Weise für jedes Körbchen drei bis vier Eier und befestigen Sie diese, indem Sie sie mit etwas Wasser befeuchten und aufkleben.

3 Zum Schluss den weißen Fondant 0,5 mm dick ausrollen und mit dem Blumenausstecher für jedes Körbchen fünf bis sechs Blümchen ausstechen. Diese mit etwas Wasser fixieren, wie auf dem Foto zu sehen. Es darf losgenascht werden!

Zutaten

Teig für ca. 20 Kekse
100 g Eiweißspritzglasur (ESG) in Dunkelbraun
75 g Fondant in Rot
50 g Fondant in Weiß

Hilfsmittel

Spritzbeutel mit Lochtülle, Größe 2
Ausstecher mit Auswerfer für Blumen, ø 0,5 cm
Ausstecher, oval, ca. 6 cm x 5 cm

Mein Tipp für Sie

Für eine Frühlingsvariante ersetzen Sie die Ostereier einfach durch ein paar Blüten mehr. Schon können Sie diese Kekse wunderbar die ganze Frühlings- und Sommerzeit hindurch backen.

Melting Snowman-Cookies

zergehen auf der Zunge

Voraussetzung

Grundanleitung Kekse
Grundanleitung
Fondant

1 Backen Sie 20 Kekse nach Grundanleitung und benutzen Sie dazu den kreisförmigen Ausstecher. Während die Kekse auskühlen, aus dem Puderzucker und dem Zitronensaft eine Zitronenglasur anrühren. Geben Sie diese mit einem Teelöffel in wippenden Bewegungen zügig auf die Kekse. Die Oberfläche darf nicht ganz glatt sein. Orientieren Sie sich auch am Foto.

2 Formen Sie für die Köpfe zunächst aus dem weißen Fondant zwanzig etwas größer als haselnussgroße Kugeln (ca. ø 2 cm). Dann sind die Mützen an der Reihe. Hierfür den blauen Fondant halbieren, aus jeder Hälfte einen Strang formen und in je zehn gleich dicke Scheiben schneiden. Teilen Sie von jeder Scheibe eine kleine Menge für den Mützenbommel ab und legen Sie diese beiseite. Den Rest jeder Scheibe erst zu einer Kugel formen, dann plattdrücken.

3 Um den Schneemännern die Mützen anzuziehen, je eine blaue Platte auf eine weiße Fondantkugel legen und mit den Fingern etwas modellieren, bis die Grundform der Mütze entsteht. Dann noch mit dem Wheel Tool oder einem Messer ein Gittermuster andeuten und mit etwas Wasser den Bommel aufkleben, wie auf dem Foto zu sehen. Auf diese Weise alle 20 Schneemannköpfe mit Mützen versehen.

4 Für die Mohrrübe den Fondant in Orange zu einem Strang formen und in 20 gleich dicke Scheiben schneiden. Jede Scheibe zunächst zu einer Kugel und dann zu einem länglichen, spitz zulaufenden Tropfen formen. Drücken Sie mit dem Cone Tool vorne mittig in den Schneemannkopf ein Loch und vergrößern Sie es mit einem kleinen Ball Tool. In jeden Fondanttropfen mit einem Messer einige Rillen einprägen. In das Loch im Schneemanngesicht etwas Wasser geben und die Möhre vorsichtig hineindrücken. Die Spitze etwas nach oben biegen.

5 Auch der dunkelbraune Fondant wird erst zu einem Strang gerollt und dann in 20 gleich große Scheiben geteilt. Aus jeder Scheibe formen Sie fünf kleine Kügelchen für Augen und Knöpfe und zwei „Äste" für die Arme. Für die Äste rollen Sie einen dünnen Strang, den Sie an einem Ende mehrmals einschneiden, wie auf dem Foto zu sehen. Mit etwas Wasser die Augen auf den Köpfen anbringen, die Köpfe auf die Kekse setzen und zum Schluss Knöpfe und Ärmchen aufkleben. Ein besonders süßer Beitrag zu jedem Weihnachtsfeierbuffet!

Zutaten

Teig für ca. 20 Kekse
150 g Puderzucker
3–4 EL Zitronensaft
400 g Fondant in Weiß
200 g Fondant in Blau
je 50 g Fondant in Orange und Dunkelbraun

Hilfsmittel

Kreisausstecher, ø 6 cm
Wheel Tool (oder scharfes Messer)
Cone Tool
Ball Tool

Mein Tipp für Sie

Mit einer Nikolausmütze aus rotem Fondant mit weißem Rand werden diese Schneemänner zu einem hübschen Geschenk in der Vorweihnachtszeit!

Weihnachtliche Zuckerkringel-Wunschkekse

Friede, Freude, Liebe, Hoffnung zum Verschenken und Genießen

Voraussetzung

Grundanleitung
Kekse

Zutaten

Teig für ca. 20 Schokoladenkekse
200 g Vollmilchschokolade
Liebesperlen

Hilfsmittel

Ausstecher, oval, ca. 6 cm x 5 cm
Buchstabenstempel für Kekse

1 Fertigen Sie 20 Kekse nach Grundanleitung, wählen Sie dabei die Variante für den Schokoladenteig und benutzen Sie den ovalen Keksausstecher. Vor dem Backen prägen Sie mithilfe der Buchstabenstempel die Worte „Joy", „Love", „Peace" und „Hope" ein.

2 Die Vollmilchschokolade hacken, im Wasserbad schmelzen und die Hälfte in einen tiefen Teller geben. Daneben stellen Sie einen kleinen, flachen Teller, den Sie mit Liebesperlen füllen.

3 Jeden Keks nach dem Auskühlen nun senkrecht in den Teller mit der Schokolade halten und drehen, sodass er einen schön gleichmäßigen Schokoladenrand bekommt. Kurz abtropfen lassen, dann sofort in den Liebesperlen wälzen. Verfahren Sie mit allen Keksen auf diese Weise und füllen Sie den Teller mit dem Rest der geschmolzenen Schokolade auf, wenn der Rand auf den Keksen dünner zu werden beginnt. Eine wundervolle Advents- und Weihnachtszeit!

Mein Tipp für Sie

Zu besonderen Anlässen gibt es diese Plätzchen bei uns als „Tischkärtchen", dann präge ich die Namen der Gäste ein und setze zusätzlich ein Fondantblümchen oder -sternchen darauf.

Alles am Stiel

Für Keks- statt Blumensträuße, für die Erinnerung an Lollies in der Kindheit und weil es einfach so schön aussieht: Leckereien am Stiel. Eigentlich lässt sich fast alles, was kleiner ist als ein Muffin, auf einen Lollistiel stecken, hübsch dekorieren und ohne klebrige Finger genießen. Die beliebten Cake Pops haben dies bereits eindrucksvoll und variantenreich bewiesen und dürfen als moderner Klassiker in diesem Kapitel daher selbstverständlich nicht fehlen. Sie finden sie hier als Bonbons verkleidet, schick berüscht, mit filigranen Blümchen, als Osterei und sogar als Christbaumkugel. Doch nicht nur die leckeren Kuchenkugeln, auch Marshmallows und Cookies machen sich ausgesprochen gut als langstielige Variante.

Ruffle-Cake Pops

lauter süße Rüschen in fröhlichem Gelb

Voraussetzung

Grundanleitung
Cake Pops
Grundanleitung
Fondant

Zutaten

12 undekorierte Cake Pops
200 g Fondant in Gelb
300 g Fondant in Weiß
3 EL Marmelade ohne Stücke

Hilfsmittel

Kreisausstecher mit Wellenrand, ø 3 cm
Kreisausstecher, ø 1,5 cm
Ausstecher, Blume, ø 1,5 cm
Ausstecher, Blume, ø 0,5 cm
Ball Tool
Foam Pad

Außerdem

12 Lollistiele, ø 0,25 cm,
20 cm lang

1 Folgen Sie der Grundanleitung für Cake Pops inkl. des Aufsteckens auf die Lollistiele; stellen Sie die Cake Pops kühl. Erwärmen Sie dann die Marmelade etwas, um sie streichfähig zu machen, und bestreichen Sie die Cake Pops mithilfe eines Backpinsels mit einer dünnen Schicht Marmelade. Stellen Sie sie kopfüber auf einen Teller oder eine Kuchenplatte

2 Den gelben Fondant 1 mm dick ausrollen und zwölf Kreise mit Wellenrand ausstechen. Dann jeweils mit dem glatten Kreisausstecher die Mitte ausstechen und die so entstandenen Ringe mit einem Küchenmesser aufschneiden. Die Fondantreste zur Seite legen und luftdicht verpacken. Die offenen Ringe nacheinander auf das Foam Pad legen und mit dem Ball Tool die Rüschen herausarbei-ten, wie in der allgemeinen Anleitung auf Seite 75 beschrieben. Dann unten um jeden Cake Pop eine Girlande legen und leicht andrücken. Die Marmelade dient als Klebstoff (siehe Schrittbild rechts).

3 *Für die nächste Girlande die Fondantreste der vorherigen mit 50 g weißem Fondant verkneten und erneut verfahren wie in Schritt 2. Bringen Sie diese Girlande etwas oberhalb der vorhergehenden am Cake Pop an, sodass sie sich leicht überlappen.* Von * bis * insgesamt fünf Mal wiederholen, wobei der Gelbton immer heller wird und so ein Farbverlauf entsteht.

4 Ein letztes Mal die Fondantreste der vorhergehenden Girlande mit 50 g weißem Fondant verkneten und mit dem größeren und kleineren Blumenausstecher je 12 Blumen herstellen, mit dem Ball Tool die Ränder auf dem Foam Pad ausdünnen und erst die größere, dann die kleinere vorsichtig über den Stiel streifen. Wer mag, bindet noch kleine Schleifchen aus schmalem, weißem Webband an die Stiele. Fertig!

Mein Tipp für Sie

Statt mit einem Farbverlauf ganz in Weiß und mit einem roten Herz aus Tonkarton am Stiel gestaltet, sind diese Cake Pops auch hervorragend als Beitrag für das Kuchenbuffet einer Hochzeit geeignet. Schreiben Sie mit silbernem Gelstift die Namen des Paares auf das Herz.

Bonbon-Cake Pops

süßer Genuss ganz ohne Auswickeln

Voraussetzung

Grundanleitung
Cake Pops
Grundanleitung
Fondant

Zutaten

12 undekorierte Cake Pops ohne Stiel
300 g Fondant in Rot
300 g Fondant in Grün
100 g Fondant in Weiß

Hilfsmittel

Pizza-Schneider oder scharfes Messer
ggf. Küchenpapier

Außerdem

12 Lollistiele, ø 0,5 cm,
20 cm lang

1 Fertigen Sie die Cake Pops nach Schritt 1 der Grundanleitung an und stellen Sie sie kühl. Für die Bonbon-Hüllen beginnen Sie mit dem roten Fondant, von dem Sie ca. 50 g abteilen und diesen etwa 3 mm dick ausrollen. Vom weißen Fondant teilen Sie ca. 1 EL ab und rollen ihn zu einem Strang von ca. ø 2–3 mm.

2 Für die Streifen den weißen Strang in fünf bis sechs gleich lange Teile schneiden und mit etwas Abstand nebeneinander auf den ausgerollten roten Fondant legen. Drücken Sie die Stränge etwas an und rollen Sie den roten Fondant zusammen mit den weißen Strängen nochmals auf ca. 1 mm Stärke aus. Wenn sich alles zu einer rot-weiß gestreiften Platte verbunden hat, mit dem Pizza-Schneider ein Quadrat von 15 cm x 15 cm ausschneiden. Die Reste der gestreiften Platte zu einer Kugel kneten und luftdicht verpacken.

 3 Für das erste Bonbon legen Sie nun das ausgeschnittene Quadrat sorgfältig um einen der vorbereiteten Cake Balls. An der Nahtstelle leicht zusammendrücken und an den Seiten den Fondant etwas raffen, sodass Falten entstehen. Drücken Sie rechts und links vom Cake Ball den Fondant etwas zusammen und bringen Sie die so entstandenen Zipfel an den Seiten in Form, indem Sie die Ränder etwas auseinanderdrücken. Ist der Fondant noch sehr weich, können Sie die seitlichen Enden mit etwas Küchenpapier auffüllen, bis er trockener ist und seine Form behält.

Durch Ausrollen verbinden sich die Fondantschichten miteinander.

 4 Die grün gestreiften Hüllen werden auf die gleiche Weise gefertigt. So nach und nach alle Cake Pops in Bonbons verwandeln. Stecken Sie die fertigen Bonbons auf die Lollistiele (siehe dazu Grundanleitung auf Seite 67) und die ersten Bonbons, die mitsamt ihrer Verpackung gegessen werden können, sind fertig!

Um die typische Bonbonform zu erhalten, müssen die seitlichen Zipfel sorgfältig in Falten gelegt und modelliert werden.

Mein Tipp für Sie

Statt weißer Stränge können Sie auch kleine Kugeln auf den farbigen Fondant auflegen, um gepunktete Bonbons herzustellen.

Valentins-Marshmallows

weil Liebe eben doch durch den Magen geht

Für die Form
1 EL Öl
2 EL Puderzucker
2 EL Stärke

Außerdem
20 Lollistiele, ø 0,5 cm, 20 cm lang

Hilfsmittel
Back-/Auflaufform, 25 cm x 35 cm
Ausstecher, Herz,
ca. 6 cm x 5,5 cm
etwas Kokosfett

1 Den Puderzucker und die Stärke für die Form mischen und sieben. Die Form fetten und mit der Puderzucker-Stärke-Mischung ausstäuben, Reste zur Seite stellen.

2 Lassen Sie die Gelatine in einer Rührschüssel mit 6 EL Wasser etwa 5 bis 10 Minuten quellen. Honig, Zucker und 100 ml Wasser in einem kleinen Topf aufkochen, kurz köcheln lassen und die Gelatine damit übergießen. Sofort mit einem Schneebesen kräftig umrühren bis sich die Gelatine aufgelöst hat und es schäumt.

Mein Tipp für Sie

Am liebsten verwerte ich den Schnitt von Marshmallowmasse so: Die Reste in kleine Stücke zupfen, in der Puderzucker-Stärke-Mischung wälzen und bei nächster Gelegenheit in heißer Schokolade oder im Kaffee genießen. Lecker! Luftdicht verschlossen aufbewahrt, halten sie sich etwa eine Woche.

3 Schlagen Sie die Masse mit den Quirlen des Handrührgeräts oder dem Schlagbesen der Küchenmaschine etwa 5 bis 10 Minuten auf, bis sich eine luftige, schneeweiße Masse ergibt. Dabei nach und nach den Puderzucker zugeben.

4 Das Eiweiß steif schlagen und vorsichtig unterheben. Die fertige Marshmallowmasse sollte etwa dieselbe Konsistenz haben wie steifes Eiweiß.

5 Geben Sie dann die Masse in die Form. Ein paar Tropfen (nicht mehr!) Lebensmittelfarbe zugeben und mit einem Schaschlikstäbchen verrühren, sodass eine Marmorierung entsteht. Streichen Sie dann die Oberfläche glatt und lassen Sie die Marshmallows drei Stunden bei Zimmertemperatur trocknen.

6 Die Arbeitsplatte mit der restlichen Puderzucker-Stärke-Mischung bestäuben, die Marshmallow-Masse stürzen und mit einem mit etwas Kokosfett gefetteten Ausstecher Herzen ausstechen.

7 Den Rand einiger Herzen sofort in einer der Zuckerdekorationen wälzen und die Herzen auf die Stiele stecken. Für die überzogenen Herzen die Candy Melts mischen, mit den 3 EL Kokosfett schmelzen und die ebenfalls auf Stiele gesteckten Marshmallowherzen damit überziehen (siehe auch Grundanleitung Cake Pops, Seite 67, ab Schritt 2). Bewahren Sie die Marshmallows luftdicht verschlossen auf, dann halten sie sich etwa eine Woche.

Zutaten
für ca. 20 Herzen
2 Päckchen gemahlene Gelatine
50 g klarer, heller Honig
250 g Zucker
100 ml + 6 EL Wasser
150 g Puderzucker
1 Eiweiß
Lebensmittelfarbe in Rot
Liebesperlen, Streuzuckerherzen
oder Dekozucker in Silber
50 g Candy Melts in Weiß mit
bunten Punkten
50 g Candy Melts in Rot
3 EL Kokosfett

Blumen-Cake Pops upside down

ein glitzernder Blütentraum in feinen Pastelltönen

Sorgfältig mit dem Ball Tool bearbeitet, wirken die Blütenblätter sehr filigran.

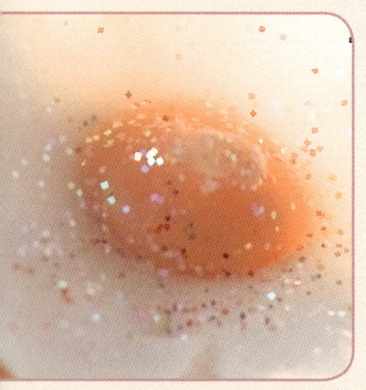

Der essbare Glitter schillert in allen Regenbogenfarben und verleiht den Blüten das besondere Etwas.

Voraussetzung

Grundanleitung Cake Pops
Grundanleitung
Fondant

Zutaten

Grundmasse für 12 Cake Pops
130 g Candy Melts in Rosa
2 EL Kokosfett
120 g Fondant in Weiß
essbarer Glitter, Perlmutt, in Rosa

Hilfsmittel

Blumenausstecher mit Auswerfer, ø 1,5 cm
Ball Tool
Foam Pad

Außerdem

12 Lollistiele, ø 0,25 cm,
15 cm lang

1 Fertigen Sie 12 Cake Pops nach der Grundanleitung auf Seite 67 an. Nutzen Sie dabei für den Überzug die rosa Candy Melts und das Kokosfett, die Sie gemeinsam im Wasserbad schmelzen. Lassen Sie die Cake Pops danach nicht in einem Ständer trocknen, sondern stellen Sie sie auf einen kalten, mit Frischhaltefolie überzogenen Teller. So können Sie später die Folie einfach vorsichtig abziehen und der Überzug wird nicht beschädigt. Die Reste der geschmolzenen Candy Melts zur Seite stellen.

2 Für die Blumen den Fondant 1 mm dick ausrollen, mit dem Blumenausstecher 24 Blüten ausstechen und mit dem Ball Tool auf dem Foam Pad die Ränder bearbeiten, wie in der allgemeinen Anleitung auf Seite 75 beschrieben. Bringen Sie je zwei Blüten auf jedem Cake Pop an. Benutzen Sie dabei die Reste der geschmolzenen Candy Melts als Klebstoff.

3 Zum Schluss geben Sie vorsichtig noch je eine kleine Menge rosa Candy Melts in die Mitte der Blüten, wie auf dem Foto zu sehen. Als krönenden Abschluss die Blütenmitten mit etwas Glitter bestäuben.

Mein Tipp für Sie

Diese Cake Pops mache ich auch gern mit dem Stiel nach unten und arrangiere sie in einem Kännchen oder einer hübschen Tasse. Doch egal wie herum – diese süßen Naschereien sind immer genau das Richtige für einen Mädelsabend!

Cookie-Twister

pink, fröhlich, lecker!

Voraussetzung

Grundanleitung Kekse

Zutaten

1 Portion Keksteig
Lebensmittelfarbe in Rot
30 g Candy Melts in Rot
Dekozucker in Pink

Außerdem

20 Lollistiele, ø 0,25 cm,
15 cm lang

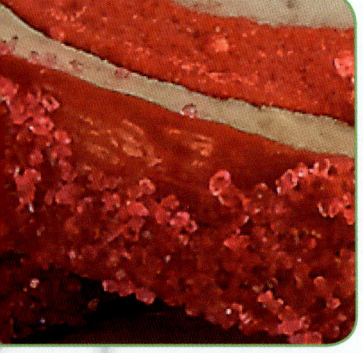

Mit dem Überzug aus farblich passenden Candy Melts wird der Dekozucker an Ort und Stelle gehalten.

Für schöne Spiralen die beiden Teigsorten nicht zu locker zusammenrollen.

Den Stiel vorsichtig in die Teigrollen schieben.

1 Fertigen Sie den Keksteig nach Grundanleitung (Schritt 1). Halbieren Sie dann den Teig und färben Sie eine Hälfte mit der Lebensmittelfarbe in Rot ein. Kneten Sie den roten Teig so lange, bis er gleichmäßig durchgefärbt ist.

2 Nun zuerst den ungefärbten, dann den gefärbten Teig 5 mm dick und möglichst rechteckig ausrollen. Beide Teige aufeinanderlegen und nochmals gemeinsam etwas ausrollen. Dabei leichten Druck ausüben, damit sich beide Teige gut verbinden.

3 Den Backofen auf 180 °C (Ober-/Unterhitze) vorheizen. Schneiden Sie die Teigrolle mit einem sehr scharfen Messer in 1 cm dicke Scheiben. Gegebenenfalls die Scheiben mit der Hand etwas nachformen, damit alle Cookies wirklich rund sind. Stecken Sie in jede Teigscheibe einen Lollistiel und legen Sie die Cookie-Lollis auf ein mit Backpapier ausgelegtes Blech. Auf mittlerer Schiene etwa 15 Minuten backen, danach auf dem Blech ganz auskühlen lassen.

4 Geben Sie den Dekozucker auf einen Teller und schmelzen Sie die Candy Melts in der Mikrowelle oder dem Wasserbad. Pinseln Sie dann mit einem Backpinsel etwas von der Candy Melts-Masse auf den Rand jedes Cookie-Lollis. Danach sofort im Dekozucker wälzen. Statt der Candy Melts können Sie auch weiße Schokolade verwenden.

Mein Tipp für Sie

Diese Keksspirale funktioniert auch mit mehr als zwei Farben. Färben Sie z. B. einen Teigteil in Grün, einen in Rot, einen Blau und einen in Orange, rollen Sie sie entsprechend dünner aus und verfahren Sie dann wie oben beschrieben. Hierzu passt ein Rand aus bunten Zuckerperlen gut, den sie genauso aufbringen können wie den Dekozucker in Schritt 4 dieser Anleitung.

Ostereier-Cake Pops

der leckerste Osterstrauß aller Zeiten

Voraussetzung
Grundanleitung
Cake Pops

Zutaten
Grundmasse für 12 Cake Pops
130 g Candy Melts in Gelb
2 EL Kokosfett
20 g Candy Melts in Rot

Hilfsmittel
Spritzbeutel mit Lochtülle, Größe 2

Außerdem
12 Lollistiele, ø 0,25 cm, 15 cm lang
48 Pralinenmanschetten
in Grün

Durch die vielen Einschnitte wirken die kleinen Papiermanschetten fast wie Ostergras.

1 Fertigen Sie 12 Cake Pops nach Grundanleitung an. Formen Sie sie dabei aber nicht zu Kugeln, sondern zu Eiern. Die gelben Candy Melts mit dem Kokosfett in der Mikrowelle oder dem Wasserbad schmelzen und die Cake Pops damit überziehen. Trocknen lassen.

2 Mischen Sie die roten Candy Melts mit dem Rest der gelben und erwärmen Sie die Mischung leicht, um sie zu schmelzen. Dann die nun orangefarbenen Candy Melts in den Spritzbeutel füllen und Punkte oder Streifen auf die Cake Pops spritzen, wie auf dem Foto zu sehen. Am besten stellen Sie die Cake Pops dafür einzeln in einen Cake Pop-Ständer (siehe Seite 67).

3 Zum Schluss sind die Osternester dran. Hierfür die Pralinenmanschetten rundherum vielfach mit einer spitzen Schere einschneiden, sodass „Gras" entsteht. Stechen Sie mithilfe der Schere ein Loch in die Mitte der Manschetten und streifen Sie je vier Stück über den Lollistiel bis unter den Cake Pop. Zupfen Sie die Manschetten vor dem Servieren noch etwas in Form.

Das Aufspritzen der Kreise erfordert etwas Fingerspitzengefühl.

Mein Tipp für Sie

Diese Cake Pops schmücken jede Ostertafel! Ich passe sie farblich der restlichen Deko an, so fügen sie sich stets wunderbar ein.

Beim Auftragen der Streifen auf gleichmäßigen Druck auf den Spritzbeutel achten.

Christbaumkugel-Cake Pops

versüßen die Wartezeit aufs Weihnachtsessen

Voraussetzung

Grundanleitung
Cake Pops
Grundanleitung Eiweiß-
spritzglasur (ESG)

Zutaten

Grundmasse für 12 Cake Pops
130 g Candy Melts in Rot
2 EL Kokosfett
150 g Eiweißspritzglasur (ESG)
60 g Fondant
ca. ½ TL Lebensmittelfarbpulver in Silber
einige Tropfen hochprozentiger Alkohol

Hilfsmittel

Spritzbeutel mit Lochtülle, Größe 2
feiner Pinsel

Außerdem

12 Lollistiele, ø 0,25 cm,
15 cm lang

Cake Pops

1 Fertigen Sie zwölf Cake Pops nach Grundanleitung und benutzen Sie zum Überziehen die roten Candy Melts. Die Cake Pops nicht in einem Ständer, sondern auf einem kalten, mit Frischhaltefolie überzogenen Teller stehend trocknen lassen.

2 Füllen Sie die ESG in den Spritzbeutel und spritzen Sie eine Linie knapp unterhalb der breitesten Stelle der Cake Pop-Kugel. Unter der Linie Punkte aufspritzen, darüber, von oben nach unten, Ornamente in Form einer offenen Sechs aufbringen. Orientieren Sie sich für die Muster am Foto.

3 Den Fondant geschmeidig kneten, zu einem 1 cm dicken Strang formen und in 0,5 cm dicke Scheiben schneiden. Prägen Sie mit einem Messer ringsum Rillen in den Rand der Scheibe und streifen Sie sie vorsichtig über den Lollistiel. Für die silberne Farbe das Farbpuder mit dem Alkohol zu einer Paste anrühren und die Farbe mit einem feinen Pinsel auf den Fondant auftragen.

Die Rillen in der „Aufhängung" der Christbaumkugel werden mit einem Messer geprägt.

Die Ornamente gleichen einer etwas geöffneten Sechs.

Tischkärtchen

1 Nutzen Sie den größeren ovalen Ausstecher als Schablone und schneiden Sie 12 Kärtchen aus dem karierten Papier aus. An der rechten Seite je eine Schneeflocke ausstanzen. Mithilfe des kleinen Ausstechers die kleineren Ovale aus weißem Papier ausschneiden, dann mit den Buchstabenaufklebern den Namen des Gastes aufkleben. Die weißen Schildchen mittig auf die Kärtchen aus Tonkarton kleben und jedes rückseitig mit etwas Masking Tape an den Cake Pop-Stielen befestigen.

Hinweis: Sollten Sie keine passenden Plätzchenausstecher zur Hand haben, so finden Sie Vorlagen in passender Größe auf Seite 79.

Für 12 Tischkärtchen

Scrapbooking-Papier, 180 g/m²,
in Rot-Weiß kariert, 30,5 cm x 30,5 cm
Papier in Weiß, A4
Plätzchenausstecher, oval, 6,5 cm x 5,5 cm
Plätzchenausstecher, oval, 5 cm x 4 cm
Motivstanzer „Schneeflocke"
Buchstabenaufkleber in Schwarz-Weiß
passendes Masking Tape
(alternativ Klebefilm)

Torten und Törtchen

Torten und Törtchen gibt es in allen nur erdenklichen Variationen. Besuchen Sie einmal eine Motivtortenausstellung und Sie werden wahre Wunderwerke sehen – die allerdings nicht unbedingt zum Essen gedacht sind, zumal häufig Styropor unter der schönen Fondant-Fassade steckt. Zum Glück ist das bei den Torten in diesem Kapitel anders und Sie können sich schon einmal auf leckere Cremefüllung zwischen traumhaft lockeren Kuchenböden freuen. Natürlich ist auch hier das Äußere der großen und kleinen Gebäckkunstwerke nicht zu verachten. Sei es ein Törtchen voller Zuckerschmetterlinge, ein romantischer Rosen-Cupcake, eine Origami-Torte für Bastelfans oder gar eine große, reich verzierte Weihnachtskerzentorte – für viele Anlässe und jeden Geschmack ist etwas dabei. So können Sie Ihren Kaffeetisch stets mit der passenden Torte krönen und Ihre Gäste zum Staunen bringen.

Ribbon Rose-Cupcakes

einfärben, aufrollen, bewundern, genießen

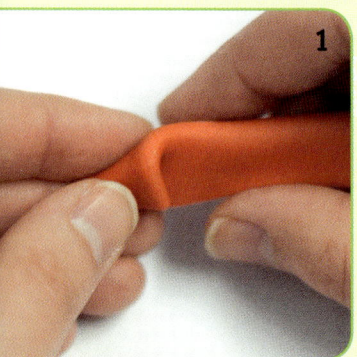

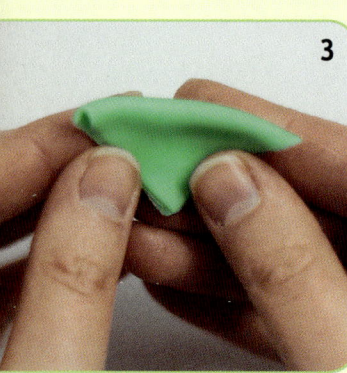

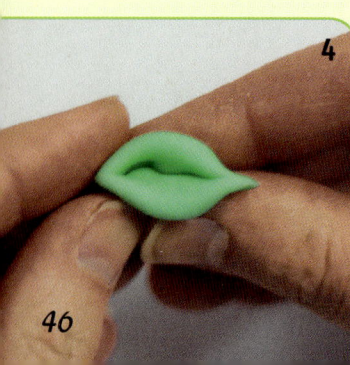

Voraussetzung

Grundanleitung Cupcakes
Grundanleitung Fondant
Grundanleitung Eiweiß-
spritzglasur (ESG)

1 Füllen Sie den Cupcaketeig in die 12 Vertiefungen eines Muffinblechs und backen Sie ihn ca. 25 Minuten. Auskühlen lassen. Währenddessen den weißen Fondant 1 mm dick ausrollen und zwölf Kreise ausstechen. Decken Sie die Küchlein ein, indem Sie die weißen Fondantkreise mit etwas Wasser anfeuchten und aufbringen.

2 Rollen Sie nun den roten Fondant ebenfalls auf 1 mm aus. Mit dem Doppelrollschneider 12 Streifen bzw. Bänder (engl. Ribbons, daher der Name) à 4 x 15 cm schneiden. Falten Sie je einen Streifen zunächst der Länge nach; dann falten Sie die obere linke Ecke nach unten (Schrittbild 1). Wickeln Sie den Streifen auf, dabei an der Unterseite leicht raffen, sodass sich die Rosenblüte etwas öffnet (Schrittbild 2). Das Ende des Streifens gegebenenfalls mit etwas Wasser fixieren. Kleben Sie je ein Röschen auf jeden Cupcake.

3 Für die Blättchen grünen Fondant 1 mm dick ausrollen und mit dem Doppelrollschneider 24 Quadrate mit 3 cm Seitenlänge zuschneiden. Legen Sie pro Quadrat eine Ecke auf die gegenüberliegende (Schrittbild 3). Dann die Ecken der langen Seite zusammenlegen und den unteren Teil fest zusammendrücken, sodass auf der Oberseite die typische Naht entsteht (Schrittbild 4). Schneiden Sie den überstehenden Teil unten ab und formen Sie mit den Fingern die Blattspitze etwas nach. So alle Quadrate modellieren und je zwei Blättchen mit etwas Wasser auf jedem Cupcake fixieren.

4 Für die Blümchen die Reste des roten und weißen Fondants wie in der allgemeinen Anleitung beschrieben marmorieren. Den Fondant dann 0,5 mm dick ausrollen und mit dem Blumenausstecher pro Cupcake etwa 20–25 Blümchen ausstechen. Kleben Sie die Blümchen mit etwas Wasser an den Rand der Cupcakes, wie auf dem Foto zu sehen. Zum Schluss setzen Sie in jede Blütenmitte einen Punkt mit gelber ESG.

Hinweis: In Schritt vier können Sie auch fertige Zuckerstreublumen oder z. B. silberne Zuckerkügelchen verwenden.

Mein Tipp für Sie

Cupcakewrapper wie die auf dem Foto können Sie leicht selbst machen. Schneiden Sie den Wrapper aus einem passenden Stück Scrapbooking-Papier Ihrer Wahl nach der Vorlage auf Seite 79 aus. Dabei den oberen Rand mit einer Konturenschere schneiden. Dann den Wrapper an den schmalen Seiten zusammenstecken und den Cupcake hineinstellen.

Zutaten

Teig für 12 Cupcakes
300 g Fondant in Weiß
400 g Fondant in Rot
200 g Fondant in Grün
50 g Eiweißspritzglasur (ESG) in Gelb

Hilfsmittel

Spritzbeutel mit Lochtülle, Größe 2
Ausstecher mit Auswerfer für Blumen, ø 4 mm
Kreisausstecher, ø 7,5 cm
Doppelrollschneider

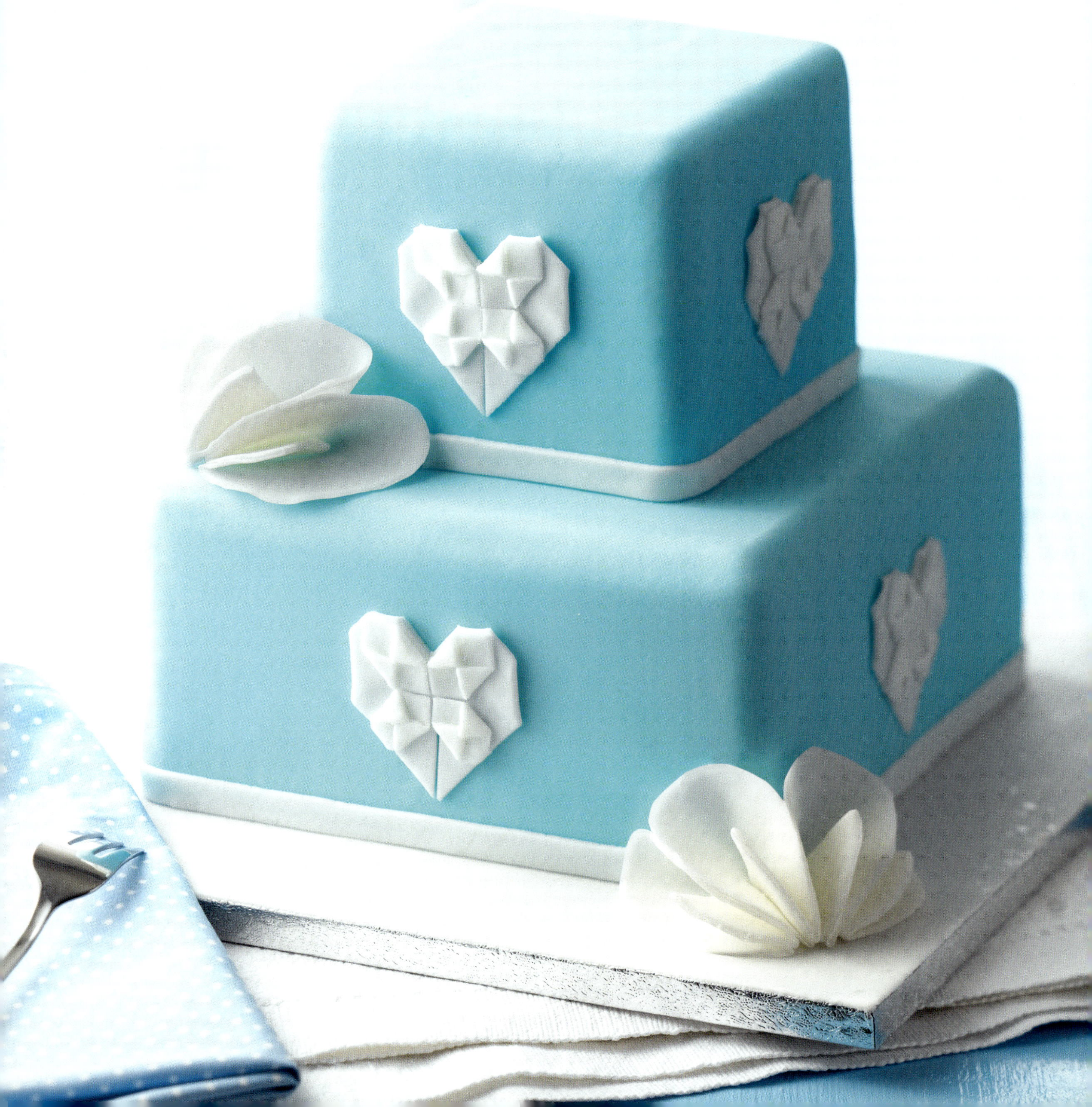

Origami-Torte

perfekte Verpflegung für jedes Bastelkränzchen

Voraussetzung

Grundanleitung
Torte
Grundanleitung
Fondant

Material

Tortenrohling, 13 cm x 13 cm, 10 cm hoch
Tortenrohling, 20 cm x 20 cm, 10 cm hoch
1100 g Fondant in Hellblau
200 g Modellierfondant in Weiß

Hilfsmittel

Kreisausstecher, ø 8 cm
Doppelrollschneider

Außerdem

Cake Board, 25 cm x 25 cm
(optional)
200 g Fondant in Weiß für
das Cake Board

1

 1 Teilen Sie den hellblauen Fondant in einen 700 g- und einen 400 g-Teil und rollen Sie daraus zwei 4 mm dicke Platten aus. Mit der größeren Platte den großen, mit der kleineren den kleinen Rohling eindecken. Stellen Sie dann beide Tortenstockwerke an einen kühlen Ort.

 2 Als Vorbereitung für die Blüten einen Teil des weißen Modellierfondants 1 mm dick ausrollen, acht Kreise ausstechen und diese, mit etwas Frischhaltefolie abgedeckt, zur Seite stellen.

 3 Für die Herzen den restlichen Fondant ebenfalls 1 mm dick ausrollen. Nun mit dem Doppelrollschneider 5 cm breite Streifen und die Streifen wiederum in acht Quadrate schneiden. Pro Quadrat nun die obere Ecke bis zur Mitte falten. Die beiden Ecken rechts und links davon etwa halb so weit falten (Schrittbild 1). Drehen Sie dann die fast fertige Herzgrundform um.

 4 Stellen Sie jetzt den Doppelrollschneider auf 1,2 cm ein und schneiden Sie 16 kleine Quadrate aus. Bei jedem Quadrat zwei gegenüberliegende Ecken zur Mitte falten. An der oberen Kante ausgerichtet, zunächst je zwei Quadrate mit etwas Wasser auf ein Herz kleben. Entlang der Figuren aus der oberen Herzkante ein kleines Dreieck ausschneiden, wie auf Schrittfoto 2 zu sehen.

 5 Den Doppelrollschneider auf 1 cm einstellen und wie in Schritt 4 verfahren, die ausgeschnittenen und gefalteten Quadrate diesmal jedoch unter die oberen kleben. Die über den Herzrand ragenden Ecken abschneiden und jedes Herz von der Spitze bis zur Mitte vorsichtig einschneiden (Schrittbild 3). Die Herzen an den Seiten der größeren und kleineren Torte anbringen.

 6 Schneiden Sie mit dem Doppelrollschneider 1 cm breite Streifen und kleben Sie sie an den unteren Rand der Tortenstockwerke.

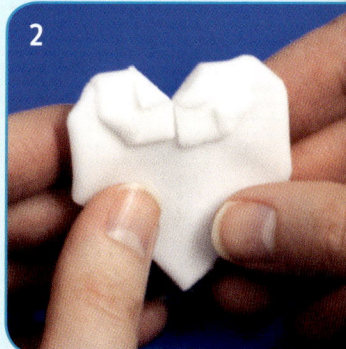

2

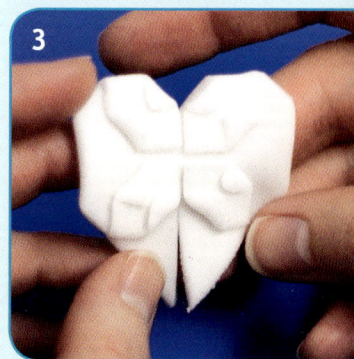

3

Weiter geht es auf Seite 50.

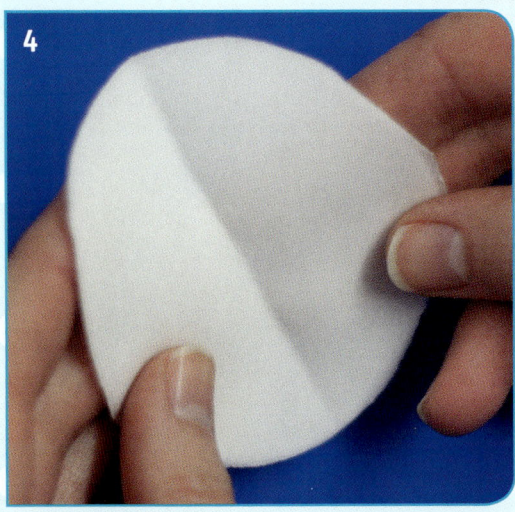

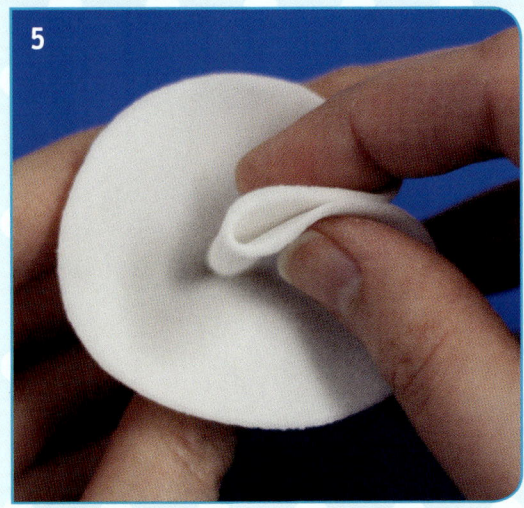

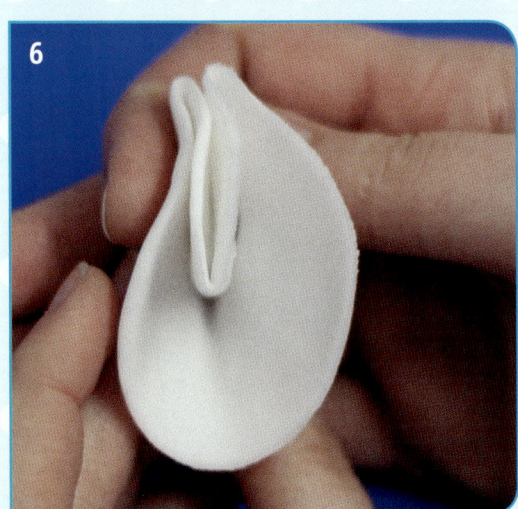

 **7** Für die halben Fleurogami-Blüten nehmen Sie nun einen der in Schritt 2 ausgestochenen Kreise zur Hand, falten ihn einmal hälftig und klappen ihn wieder auf (Schrittbild 4).

 8 Dann an einem Ende der Falzkante beginnend eine Kreishälfte aufrichten, dabei die Falzkante nach innen schieben, sodass sich rechts und links davon eine Art Tasche bildet (Schrittbild 5).

 9 Zum Schluss noch die Falzkante etwas zusammendrücken, bis die Blütenform entsteht (Schrittbild 6). Orientieren Sie sich auch am Foto auf Seite 48.

 10 Damit die Elemente ihre Form behalten, die Zwischenräume am besten mit etwas Küchenpapier auffüllen und die Blüten auf einer weichen Unterlage etwa zwei Stunden trocknen lassen. Sie sind trocken genug, wenn der Modellierfondant auf vorsichtigen Druck nur leicht nachgibt.

 11 Nun die Torte nach Grundanleitung auf Seite 73 auf einer passenden Kuchenplatte oder dem Cake Board zusammensetzen. Das Cake Board zuvor mit einer 1 mm dick ausgerollten Fondantplatte bedecken. Arrangieren Sie zum Schluss die acht Blütenelemente auf der Torte und der Platte und kleben Sie sie mithilfe eines angefeuchteten Pinsels zu vier Fleurogamiblüten zusammen.

Meine Tipps für Sie

Habe ich mal nicht den passenden Kreisausstecher zur Hand, verwende ich einfach ein Glas mit entsprechendem Durchmesser. Die Ränder werden dann nicht ganz so präzise, aber das Ergebnis sieht trotzdem schön aus.

Mit verschiedenen Farbkombinationen können Sie den Charakter der Torte stark beeinflussen, so wirkt eine Torte ganz in Weiß sehr festlich, eine bunte Torte dagegen fröhlich.

Mini-Torten

dreifacher Genuss für Auge und Gaumen

Voraussetzung

Grundanleitung Torte
Grundanleitung Fondant
Grundanleitung Eiweiß-
spritzglasur (ESG)

Zutaten

für das Wimpeltörtchen
Tortenrohling, ø 10 cm, 10 cm hoch
350 g Fondant in Gelb
je 30 g Fondant in Weiß, Mint und
Violett
etwas Stärke

Hilfsmittel
Sugar Gun
Kreisausstecher, ø 0,5 cm
und ø 2 cm

Wimpeltörtchen

 1 Rollen Sie 350 g gelben Fondant 4 mm dick aus und decken damit einen Tortenrohling ein, so-dass ein gelbes Törtchen entsteht. Rollen Sie dann einen kleinen Strang aus dem weißen Fondant und wälzen Sie ihn in ein wenig Stärke, bevor Sie ihn in die Sugar Gun geben. Mithilfe der Loch-scheibe eine 60–70 cm lange Kordel pressen.

 2 Den mintfarbenen Fondant 3 mm dick ausrollen und mit dem Kreisausstecher den großen Knopf ausstechen. Prägen Sie mit einem Messer einen Rand ein und mit einem Zahnstocher vier Knopf-löcher. Befestigen Sie den Knopf mit etwas Wasser mittig oben auf dem Törtchen.

3 Nun die weiße Kordel erst um den Knopf, dann um die Torte herum in leichten Bögen als Girlan-de und schließlich um den unteren Rand legen. Orientieren Sie sich dabei am Foto auf Seite 52; auch hier dient Wasser als Klebstoff.

4 Rollen Sie den violetten und den mintfarbenen Fondant 1 mm dick aus und schneiden Sie 25 je ca. 2 cm lange Wimpel aus. Die Wimpel unter-halb der weißen Kordel mit etwas Wasser an-bringen, die Spitzen dürfen leicht abstehen. Zuletzt stechen Sie aus den weißen Fondantres-ten kleine Kreise, ø 0,5 cm, aus und stechen je zwei Knopflöcher ein. Unter jeder Spitze in der Girlande ein kleines Knöpfchen anbringen. Fertig ist das erste Törtchen.

Mein Tipp für Sie

Wenn Sie mögen, können Sie statt einfar-biger auch gemusterte Wimpel herstellen. Wie man Fondant mustert, können Sie in der Anleitung für die Patchworktorte (Sei-te 57) nachlesen. Ob gemustert oder ein-farbig: Solche kleinen Törtchen eignen sich wunderbar für kleine Haushalte oder für den Kaffeetisch, wenn gerade kein beson-derer Anlass ansteht. Ich bringe solche Törtchen auch gern als kleines Geschenk mit, wenn wir eingeladen sind.

Weiter geht es auf Seite 53.

Die vielen bunten Wimpel verleihen diesem Törtchen einen besonders fröhlich-sommerlichen Look.

Jede Spitze der Girlande ziert ein kleines Fondantknöpfchen.

Schmetterlingstörtchen

1 Rollen Sie 350 g weißen Fondant etwa 4 mm dick aus und decken Sie einen Tortenrohling damit ein, wie in der Grundanleitung auf Seite 72/73 beschrieben.

2 Falten Sie einen Bogen Alufolie wie eine Ziehharmonika, sodass sich im Querschnitt ein M ergibt. Dann den gelben und violetten Fondant jeweils 1 mm dick ausrollen und aus jeder Farbe zehn Schmetterlinge ausstechen. Die Schmetterlinge in die Falten der Alufolie hineinlegen, sodass sie mit stehenden Flügeln trocknen. Wenn die Schmetterlinge trocken sind, fixieren Sie sie mit etwas ESG als Schmetterlingsschwarm an der Torte, wie auf dem Foto zu sehen. Vorsicht, sie sind recht fragil.

Zutaten
2 Tortenrohlinge, ø 10 cm, 10 cm hoch

zusätzlich für das Schmetterlingstörtchen
350 g Fondant in Weiß
je 30 g Fondant in Gelb und Violett
50 g Eiweißspritzglasur (ESG)

zusätzlich für die Herzchentorte
350 g Fondant in Rosa
50 g Fondant in Weiß

Hilfsmittel
Schmetterlingsausstecher (Patchwork Cutter), ca. 2,5 cm x 2,5 cm
Spritzbeutel mit Lochtülle Größe 2
Ausstecher, Herz, ca. 1,4 cm x 1,4 cm
Doppelrollschneider

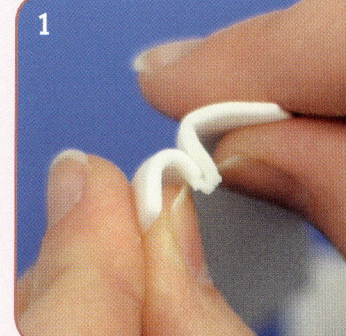

Herzchentorte

1 350 g rosa Fondant etwa 4 mm dick ausrollen und einen der Tortenrohlinge damit eindecken – und schon hat auch dieser Rohling bereits den ersten Schritt Richtung Törtchen getan.

2 Rollen Sie dann 50 g weißen Fondant 1 mm dick aus und schneiden Sie mit dem Doppelrollschneider einen Streifen, 1,4 cm x 30 cm, aus. Mit etwas Wasser um den unteren Tortenrand kleben, wie auf dem Foto zu sehen.

3 Für die Schleife rollen Sie die Fondantreste erneut aus und schneiden Sie mit dem Doppelrollschneider zwei Streifen, je 1,4 cm x 2,8 cm, sowie ein Quadrat, 1,4 cm x 1,4 cm, zurecht. Aus diesen Teilen formen Sie eine Schleife, indem Sie zunächst die Enden der Streifen zu einem M falten (Schrittbild 1), dann etwas zusammendrücken und die Streifen zu einer Schlaufe legen (Schrittbild 2). Mit den Enden des Quadrats ebenso verfahren und das Quadrat dann über die gefalteten Enden der Streifen legen (Schrittbild 3). Mit etwas Wasser alle Teile aneinander sowie die fertige Schleife auf das Band am unteren Tortenrand kleben.

4 Aus den Fondantresten Herzchen ausstechen und auf dem Törtchen verteilt anbringen.

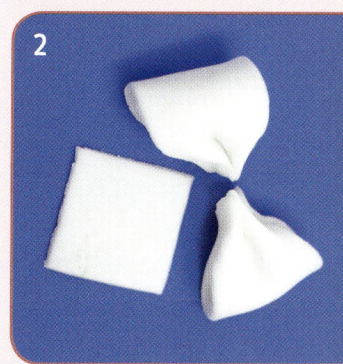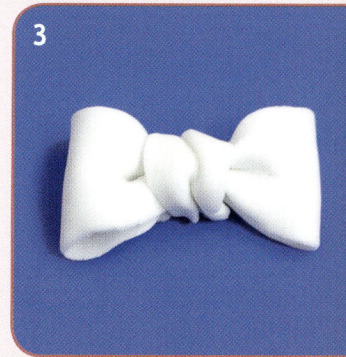

Cupcakes mit zweifarbigem Frosting

schön präsentiert auf einer selbst gemachten Etagere

1

2

Cupcakes

1 Backen Sie 12 Cupcakes nach Grundanleitung und lassen Sie diese auskühlen.

2 Teilen Sie das Frosting, das Sie nach der Grundanleitung auf Seite 69 angefertigt haben, gleichmäßig auf zwei Schüsseln auf und färben Sie eine Hälfte mit der Lebensmittelfarbe in Rosa. Füllen Sie dann beide Frostings in den Spritzbeutel, indem Sie jeweils ein Frosting auf ein großes Stück Frischhaltefolie geben, dieses einschlagen und die Enden verzwirbeln. Diese „Bonbons" mit Frosting geben Sie dann nebeneinander in den Spritzbeutel, fädeln die Enden durch die Öffnung der Sterntülle und schneiden sie mit einer Schere ab. Den Spritzbeutel an der Oberseite durch Drehen verschließen.

3 Spritzen Sie dann das Frosting auf, indem Sie mit gleichmäßigem Druck im Uhrzeigersinn von der Mitte beginnend nach außen arbeiten, wie auf den Schrittbildern zu sehen. Durch die Verwendung der Sterntülle ergibt sich ein schöner, beinahe rosenblütenartiger Effekt.

4 Die Cupcakes kühl stellen und kurz vor dem Servieren nach Belieben mit den Zuckerperlen und Dekorblüten verzieren.

Weiter geht es auf Seite 56.

Voraussetzung

Grundanleitung Cupcakes

Zutaten

Teig für 12 Cupcakes
Portion Frosting Ihrer Wahl
Lebensmittelfarbe in Rosa
Dekorblüten aus Esspapier
Zuckerperlen in Weiß und Rosa

Hilfsmittel

Spritzbeutel mit großer Sterntülle
Frischhaltefolie

Mein Tipp für Sie

Wie Sie auf den Schrittbildern sehen können, macht sich so ein zweifarbiges Frosting auch hervorragend in anderen Farbkombinationen! Lassen Sie einfach Ihre Fantasie spielen.

Etagere

 1 Aus dem grünen Papier mit den rosa Punkten zwei Streifen, 15 cm x 30 cm, schneiden, diese wie eine Ziehharmonika in 2 cm breite Falten legen und an den kurzen Seiten zusammenkleben. Aus dem rosa Papier mit den hellgrünen Punkten drei Streifen, 7,5 cm x 30 cm, schneiden und ebenso verfahren.

 2 Verkleiden Sie die leere Küchenpapierrolle mit dem Papier mit Rosenmuster, indem Sie es einfach rundherum sorgfältig festkleben. Setzen Sie die Rolle dann mittig auf den Pappkreis und fixieren Sie sie mit Heißkleber.

 3 Nun den breiten, gefalteten Streifen auf einer Höhe von etwa 5 cm und den schmaleren auf einer Höhe von etwa 17 cm mit Heißkleber anbringen. Hier empfehlen sich zwei helfende Hände, die die Etagen auf ihrer Position halten und die Faltungen, bis der Kleber getrocknet ist, um die Rolle herum leicht zusammendrücken.

 4 Die Öffnung oben verschließen Sie, indem Sie einen Streifen, 4 cm x 30 cm, aus rosa Papier mit grünen Punkten wie eine Ziehharmonika in 1 cm breite Falten legen, an den kurzen Enden zusammenkleben und so eine Rosette formen. Die Rosette auf der Öffnung mit Heißkleber befestigen, dabei auf die Mitte hin leicht zusammendrücken, bis der Kleber getrocknet ist.

Sorgfältiges Falten trägt zu einem besonders schönen Gesamtbild der Etagere bei.

Dank des farblich passenden Heißklebers bleibt das Ergebnis auch dann stimmig, wenn Sie keine perfekt ruhige Hand an der Heißklebepistole haben.

Material
für die Etagere

Scrapbookingpapier, 180 g/m², in Hellgrün mit rosa Punkten, 30 cm x 30 cm
Scrapbookingpapier, 180 g/m², in Rosa mit hellgrünen Punkten, 30 cm x 30 cm
Scrapbookingpapier, 180 g/m², in Rosa mit Rosenmuster, 30 cm x 30 cm
Rest Scrapbookingpapier, 180 g/m², in Rosa mit hellgrünen Punkten
Kreis aus Pappe, 0,4 cm stark, ø 18 cm
leere Küchenpapierrolle
Heißklebepistole
Heißklebesticks in Pink

Mein Tipp für Sie

Wenn Sie mögen, können Sie den Pappkreis natürlich auch noch mit passendem Papier verkleiden, mit Acrylfarbe anmalen oder mit Stoff beziehen, bestempeln, mit Glitter gestalten ...

Patchwork-Torte

perfekt fürs nächste Nähkränzchen

Zutaten

Tortenrohling, 20 cm x 20 cm, 10 cm hoch
600 g Fondant in Weiß
100 g Fondant in Gelb
100 g Fondant in Pink
100 g Fondant in Mint
100 g Fondant in Violett
Lebensmittelfarbpuder in Violett
einige Tropfen Alkohol

Hilfsmittel

Doppelrollschneider
Zahnradscheibe für Doppelrollenschneider
Ausstecher, Herz, 1,4 cm x 1,4 cm
Keksausstecher nach Wahl
(hier Linzer Ausstecher für Herzen
und Blumen)

Voraussetzung

Grundanleitung
Torte
Grundanleitung
Fondant

 1 Rollen Sie den weißen Fondant etwa 3–4 mm dick aus und decken Sie den gekühlten Tortenrohling ein, wie in der Grundanleitung auf Seite 72/73 beschrieben. Dann die Torte kalt stellen. Die Flicken – insgesamt 75 Quadrate von 4 cm x 4 cm – werden in verschiedenen Techniken und Farbkombinationen gefertigt, wie in den nächsten Schritten beschrieben. Decken Sie die Flicken nach der Fertigstellung stets mit Frischhaltefolie ab, damit sie bis zu ihrer Verwendung nicht austrocknen.

2 Die Farben für die gemusterten Flicken können Sie nach Belieben zusammenstellen; Inspiration und Orientierung finden Sie auf dem Foto. Rollen Sie zunächst einen Teil des Fondants einer Farbe aus und stechen Sie verschiedene Formen mit den Keksausstechern aus. Rollen Sie ein weiteres Stück Fondant in einer anderen Farbe aus und legen Sie die ausgestochenen Teile unregelmäßig

verteilt darauf. Dann nochmals ausrollen, damit sich alles verbindet. Den Doppelrollschneider auf 4 cm einstellen und aus der gemusterten Fondantplatte Quadrate ausschneiden. Gehen Sie sorgfältig vor, damit später alles passt. Wählen Sie dann eine Zahnradscheibe des Doppelrollschneiders und fahren Sie damit über den Rand der Flicken, um eine Naht zu prägen.

Weiter geht es auf Seite 59.

Viele bunte „Flicken" erfordern auch viel Arbeit. Planen Sie für diese Torte unbedingt ausreichend Zeit ein.

Mithilfe eines Doppelrollschneiders mit Zahnradscheibe sind die Nähte auf den Flicken im Nu gemacht.

 3 Für die marmorierten Flicken nehmen Sie etwas vom pinken und gelben Fondant und gehen vor wie in der Grundanleitung auf Seite 75 beschrieben. Auch hier 4 cm x 4 cm große Quadrate zuschneiden, die Naht prägen und beiseite legen.

 4 Kneten Sie die Reste zusammen, so entsteht orangefarbener Fondant. Diesen verwenden Sie für die Flicken mit den mintfarbenen Herzen. Für die Herzen den mintfarbenen Fondant ausrollen und die kleinen Herzen daraus ausstechen. Befestigen Sie sie mit etwas Wasser auf den orangefarbenen Flicken. Mit einem Messer die Naht andeuten.

 5 Nun die Reste des mintfarbenen und violetten Fondants zusammenkneten und ausrollen. Das Lebensmittelfarbpuder mit Alkohol zu einer Paste anrühren und mit einem feinen Pinsel Muster auf die Fondantplatte aufmalen, wie auf dem Foto zu sehen. Dann ebenfalls in Quadrate schneiden und die Naht wie beschrieben einprägen.

 6 Wenn Sie alle 75 Flicken hergestellt haben, können Sie beginnen, die Torte damit zu verzieren. Zunächst abschnittweise die Torte mit einem Pinsel und etwas Wasser leicht befeuchten. Dann die Flicken ankleben, wobei Sie am Abschluss der Torte beginnen und einmal um die Torte herum arbeiten. Dann eine zweite Reihe darüber befestigen. Von einer Seite ausgehend, führen Sie die Reihen auf der Oberseite der Torte fort.

 7 Am Schluss verbleiben an drei Kanten noch Lücken zwischen Rand und Oberseite. Diese mit passend zugeschnittenen Flicken auffüllen. Achten Sie dabei immer darauf, die umlaufende Randnaht einzuprägen.

Mein Tipp für Sie

So eine Torte habe ich schon mal für unsere Schneiderin als kleines Dankeschön gemacht. Sie eignet sich wunderbar als Resteverwertung für farbigen Fondant, ist aber sehr zeitaufwändig. Planen Sie auf jeden Fall den Großteil eines Tages für die Herstellung der verschiedenen Fondantquadrate ein, damit am Ende keine Hektik entsteht.

Ombre-Torte

stellt jede andere Torte in den Schatten

Voraussetzung

Grundanleitung
Fondant
Grundanleitung
Torte

Zutaten

5 Eier

380 g Butter

250 g Zucker

250 g Mehl

1–2 TL Backpulver

200 g Puderzucker

130 g Doppelrahmfrischkäse

Lebensmittelfarbe in Violett

Portion Buttercreme nach Grundanleitung

500 g Fondant in Weiß

etwas klarer Alkohol

Hilfsmittel

Springform, ø 18 cm

Teller oder Drehteller

Fächerpinsel

1 Den Ofen auf 180 °C (Ober-/Unterhitze) vorheizen. Stellen Sie aus einem Ei, 50 g Butter, 50 g Zucker, 50 g Mehl und einer Messerspitze Backpulver einen glatten Teig her, wobei Sie zuerst Ei, Butter und Zucker mischen und dann Mehl und Backpulver dazugeben. Füllen Sie den Teig in die Springform, streichen Sie ihn glatt und backen Sie ihn auf mittlerer Schiene. Er sollte nach dem Backen noch möglichst hell sein. Überprüfen Sie mit einem Zahnstocher, ob der Kuchenboden durchgebacken ist.

2 Diesen Vorgang vier Mal wiederholen. Dabei zum Teig erst einen halben, dann einen, zwei und schließlich drei Tropfen pastöser Lebensmittelfarbe hinzufügen, sodass sich die Farbe der Kuchenböden merklich verändert. Es ist hilfreich, die Rührschüssel zwischendurch nicht zu spülen, um mit den Teigresten des vorherigen Durchgangs vergleichen zu können.

3 Schlagen Sie nun 130 g Butter mit 200 g Puderzucker und etwas Lebensmittelfarbe cremig auf und geben Sie 130 g Doppelrahmfrischkäse löffelweise dazu. Auf den dunkelsten Boden ein Viertel der Creme verteilen, den nächsthelleren Boden darauflegen, ein weiteres Viertel der Creme darauf verteilen, usw. bis alle Böden aufeinandergestapelt sind. Gut durchkühlen lassen, gleichmäßig mit Buttercreme einstreichen (siehe Seite 72) und erneut kühlen.

4 Rollen Sie den Fondant 3–4 mm dick aus und decken Sie die Torte nach Grundanleitung auf Seite 72/73 ein. Nun das Lebensmittelfarbpuder mit einigen Tropfen Alkohol zu einer Paste anrühren

und in ein weiteres Gefäß etwas klaren Alkohol geben. Die Torte auf einen Teller oder besser noch auf einen Drehteller stellen, falls Sie einen haben. Die Farbpaste mit einem Fächerpinsel am unteren Rand beginnend rundum auftragen, dabei den Pinsel hin- und herbewegen und den Teller mit der anderen Hand langsam drehen. So weiter nach oben arbeiten, dabei den Pinsel immer wieder in den klaren Alkohol tunken, um die Farbe zu verdünnen. So entsteht nach und nach der Ombre-Effekt. Der Alkohol verdunstet nach dem Auftragen. Voilà, fertig!

Mein Tipp für Sie

„Ombre" ist Französisch und bedeutet „Schatten", daher also einen Übergang von hell nach dunkel, durch den ein Farbverlauf entsteht. Ombre wurde in den letzten Jahren schnell zum Trend, der sich noch immer hält. Mir gefällt dieser Farbverlauf egal ob in oder auf der Torte sehr gut. Gerne gestalte ich ihn auch in anderen Farben oder mit einzelnen Elementen, beispielsweise aus Fondant ausgestochenen Blümchen, die unterschiedlich stark gefärbt sind und auf der Torte angeordnet diesen Verlauf ergeben.

Bunte Oster-Torte

das kleine Huhn beschert Ihnen einen lustigen Ostermorgen

Voraussetzungen
Grundanleitung
Torte
Grundanleitung
Fondant

1 Beginnen Sie mit den Blüten, die Sie am besten einen Tag vorher fertigen, da sie 24 Stunden trocknen müssen. Hierfür rollen Sie den blauen, orangefarbenen und roten Fondant 2–3 mm dick aus und stechen je zwei Blüten aus. Je eine Blütenmitte zwischen Daumen und Zeigefinger nehmen und zwischen zwei Blütenblättern einen Draht in den Fondant schieben; der Draht darf an keiner Stelle aus dem Fondant austreten. Färben Sie nun etwa 30 g des gelben Fondants mit etwas Lebensmittelfarbe nach, sodass der Gelbton satter wird. Rollen Sie den Fondant 1 mm dick aus und stechen Sie sechs Kreise für die Blütenmitten aus. Die fertigen Blüten liegend bei Zimmertemperatur trocknen lassen.

2 Am nächsten Tag rollen Sie den gelben Fondant 4 mm dick aus und decken den Tortenrohling ein. Dann den grünen Fondant 1 mm dick rechteckig ausrollen und an einer langen Seite gerade abschneiden. Frei Hand acht „Grasbüschel", wie auf dem Foto zu sehen, mit einem Messer ausschneiden und mit etwas Wasser an den Rand der Torte kleben.

3 Teilen Sie nun für das Huhn den weißen Fondant in vier Teile: eine aprikosengroße Kugel für den Körper, eine walnussgroße Kugel für den Kopf und zwei haselnussgroße Kugeln für die Flügel. Die Kugel für den Körper mittig auf die Torte setzen und ein Schaschlikstäbchen durch den Körper in die Torte schieben; oben 2 cm herausstehen lassen, um später den Kopf darauf zu setzen.

4 Den orangefarbenen Fondantrest in drei Teile schneiden und sie zu Dreiecken formen. Schneiden Sie zwei Dreiecke je zwei Mal ein und formen Sie die Hühnerfüßchen, wie auf dem Foto zu sehen. Kleben Sie sie mit etwas Wasser an den Hühnerkörper. Das dritte Dreieck als Schnabel an der Kugel für den Kopf befestigen. Etwas in Form modellieren, mit einem Messer einschneiden und zwei Nasenlöcher mit einem Zahnstocher einprägen.

5 Malen Sie mit dem Farbstift die Augen auf. An der Oberseite des Kopfes mit einem Zahnstocher eine Rille einprägen. Nehmen Sie vom roten Fondantrest eine haselnussgroße Menge ab und formen Sie einen Strang daraus, dann teilen Sie ihn in vier Stücke. Aus jedem Stück einen Tropfen formen und mit etwas Wasser mit der Spitze nach unten in die Rille kleben. Geben Sie mit einem Pinsel etwas Wasser auf den Körper und stecken Sie den Kopf auf.

6 Für die Flügel die haselnussgroßen Kugeln aus weißem Fondant zu Dreiecken formen und an den Spitzen zweimal einschneiden, um Federn anzudeuten. Die Ecken abrunden und die Flügel mit etwas Wasser an den Körper kleben. Aus dem blauen Fondantrest formen Sie das Ei, aus dem roten Fondantrest modellieren Sie das Band. Das Band anbringen und das Ei dem Huhn vor die Füße legen.

7 Stecken Sie zum Schluss einen Trinkhalm hinter dem Huhn in die Torte. Schneiden Sie ihn so zu, dass er nicht mehr aus der Torte herausschaut. Nun die gedrahteten Blüten in den Trinkhalm stecken. So verhindern Sie, dass die Drähte korrodieren. Frohe Ostern!

Zutaten
Tortenrohling, ø 20 cm, 10 cm hoch
650 g Fondant in Gelb
150 g Fondant in Weiß
100 g Fondant in Grün
je 30 g Fondant in Blau, Orange und Rot
Lebensmittelfarbe in Gelb

Hilfsmittel
Blumenausstecher, ø 5,5 cm
Kreisausstecher, ø 1,5 cm
Lebensmittelfarbstift in Schwarz

Außerdem
papierummantelter Blumendraht in Weiß,
Stärke 20 gauge
Trinkhalm

Kerzentorte für Weihnachten

ein Licht in dunkler Kaffeestunde

Voraussetzung

Grundanleitung Torte
Grundanleitung Fondant
Grundanleitung Eiweiß-
spritzglasur (ESG)

Zutaten

2 Tortenrohlinge, ø 15 cm, 10 cm hoch
800 g Fondant in Weiß
250 g Eiweißspritzglasur (ESG)
Lebensmittelfarbe in Schwarz

Hilfsmittel
Spritzbeutel mit Lochtülle, Größe 2
Borstenpinsel

Außerdem
papierummantelter Blumendraht
in Weiß, Stärke 20 gauge,
5 cm lang
dünner Trinkhalm

 1 Decken Sie die Tortenrohlinge mit dem weißen Fondant ein, wie in der Grundanleitung auf Seite 72/73 beschrieben, und stapeln Sie sie sofort aufeinander. Den Spritzbeutel mit der Hälfte der ESG befüllen und als Erstes die Tannen aufspritzen. Bewegen Sie dazu den Spritzbeutel hin und her und werden Sie nach unten hin ausladender. Mit dem Borstenpinsel die ESG nachtupfen, sodass eine feine Struktur entsteht. Spritzen Sie mittig darüber den Stamm und deuten Sie die dicken Äste an, die von ihm ausgehen, tupfen Sie ihre Enden etwas nach. Auf diese Weise fünf verschiedene Tannen an den Rand der Torte spritzen und etwas Glasur am unteren Rand als „Schneedecke" verstreichen.

 2 Spritzen Sie jetzt rund um den oberen Rand dicke Tropfen, indem Sie am unteren Tropfenende ansetzen, üppig aufspritzen und die Tülle nach oben wegziehen. Den Rest ESG mit einer Palette oder einem breiten Messer in wippenden Bewegungen auf der Oberseite der Torte dick auftragen und kreisförmig verstreichen, sodass sich eine lebendige Oberfläche ergibt. Lassen Sie an einer Seite die Glasur leicht herunterfließen, sodass es wirkt, als sei eine Wachskerze eben erst verloschen.

3 Zum Schluss einen dünnen Trinkhalm in der Mitte der Torte versenken, den Draht etwas verbiegen und als Kerzendocht in den Trinkhalm stecken. So verhindern Sie, dass der Draht in direktem Kontakt mit der Torte korrodiert. Zum Schluss den Draht mit schwarzer Lebensmittelfarbe anmalen.

Mein Tipp für Sie

Diese Torte passt nicht nur zu Weihnachten, sondern auch zu Silvester und in die gesamte Winterzeit! Sie können Draht und Tropfen auch weglassen und sie als Schneetorte statt als Weihnachtskerze gestalten.

Grundanleitung Kekse

Zutaten

175 g Mehl

1 Pck. Puddingpulver

40 g Stärke

65 g Puderzucker

2 EL Vanillezucker

165 g Butter

1 Ei

Der hier gefertigte Teig ist sehr einfach zu machen.
Sie können ihn für alle im Buch dekorierten Kekse
verwenden. Die Modelle vorne im Buch sind immer
auf ca. 20 Kekse ausgelegt. Aus praktischen Gründen –
ein Ei zu teilen, ist eher schwierig – ergibt dieses
Rezept etwa die doppelte Teigmenge. So können Sie
gleich noch eine weitere Kekssorte ausprobieren –
oder den übrig gebliebenen Keksteig einfach einfrie-
ren, dann haben Sie ihn für die nächsten kreativen
Kekse bereits parat und können sofort loslegen.

 1 Alle Zutaten zügig miteinander verkneten und in
Frischhaltefolie eingeschlagen mindestens eine Stunde kalt stellen.

2 Den Ofen auf 180 °C (Ober-/Unterhitze) vorheizen.
Streuen Sie reichlich Mehl auf die Arbeitsfläche und
rollen Sie den Teig 3–4 mm dick aus. Stechen Sie dann
die Kekse aus, legen Sie sie auf ein mit Backpapier
ausgelegtes Backblech und backen Sie sie in etwa
9 Minuten goldbraun.

Variationen

Für Schokoladenteig geben Sie zu der Mehlmischung
noch 1 EL Backkakao.

Sie können den Teig auch aromatisieren, für Orangen-
oder Zitronengeschmack z. B. mit geriebener Orangen-
bzw. Zitronenschale.

Wollen Sie den Teig färben, so geben Sie die im jeweili-
gen Rezept angegebene Menge Lebensmittelfarbe zum
fertigen Teig und kneten Sie ihn nochmals gut durch, bis
der Teig die Farbe gleichmäßig angenommen hat.

Grundanleitung Cake Pops

Mit dieser Grundanleitung lernen Sie, wie man die Kuchenkugeln (Cake Balls) für die Cake Pops herstellt, sie auf Lollistielen befestigt und überzieht. Das Rezept ergibt eine „Grundmasse" für 12 Cake Pops aus Kuchenbröseln, Frischkäse und Butter. Für den zu zerbröselnden Kuchen können Sie z. B. das Rezept für die Cupcakes verwenden. Am besten gelingen die Cake Pops, wenn der Kuchen mindestens einen Tag alt ist.

1 Die Kuchenbrösel mit Frischkäse und weicher Butter mischen (Schrittbild 1), bis ein gleichmäßiger Teig entstanden ist. Aus diesem Teig 12 Kugeln formen (jede etwa 30 g schwer).

2 In der Zwischenzeit die Schokolade oder die Candy Melts zusammen mit dem Kokosfett im Wasserbad schmelzen. Die Candy Melts können Sie auch in der Mikrowelle schmelzen.

3 Stecken Sie pro Lollistiel ein Ende zunächst kurz in den Überzug und dann in eine Teigkugel, jedoch nicht weiter als bis zur Hälfte (Schrittbild 2). Legen Sie die mit Stielen versehenen Cake Pops auf einen Teller und stellen Sie sie für eine halbe Stunde kalt.

4 Die geschmolzene Schokolade bzw. die Candy Melts ggf. nochmals langsam erwärmen und die Cake Pops nacheinander zügig in den Überzug tauchen (Schrittbild 3). Entfernen Sie nach dem Eintauchen von jedem Cake Pop überschüssigen Überzug, indem Sie vorsichtig den Stiel etwas auf den Tassenrand klopfen; gleichzeitig den Cake Pop etwas drehen, damit der Überzug möglichst gleichmäßig wird (Schrittbild 4). Die Cake Pops zum Trocknen am besten in einen Styroporblock oder einen Cake Pop-Ständer stecken (Schrittbild 5).

Zutaten

für 12 Cake-Pops
ca. 240 g Kuchenbrösel (aus Kuchenresten)
90 g Frischkäse
40 g weiche Butter

Überzug
130 g Candy Melts oder gehackte Schokolade
2 EL Kokosfett

Außerdem
12 Lollistiele
ggf. Styroporblock
(als Cake Pop-Ständer)

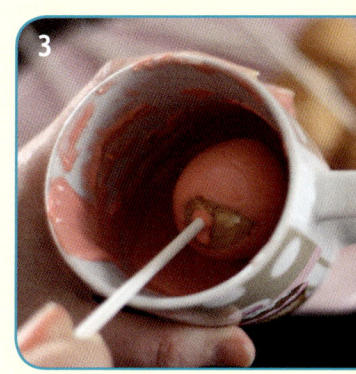

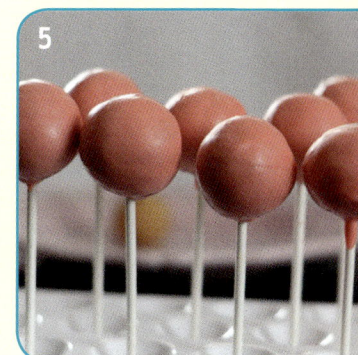

Grundanleitung Cupcakes

Mit dieser Grundanleitung können Sie zahlreiche Cupcake-Variationen backen und später nach den Anleitungen vorne im Buch dekorieren. Cupcakes sind nicht mit Muffins zu verwechseln, obwohl sich natürlich auch Muffins schön dekorieren lassen. Cupcakes sind vom Teig her feiner, häufig gefüllt oder auch getränkt und werden schließlich mit einem sündhaft leckeren Frosting gekrönt, das entweder aufgestrichen oder aufgespritzt wird.

Cupcakes

1 Den Backofen auf 180 °C (Ober-/Unterhitze) vorheizen. Die Eier mit Butter und Zucker schaumig schlagen. Mehl, Backpulver und evtl. zusätzliche Zutaten (siehe unten) unterheben.

2 Eine Muffinform mit Papierförmchen auslegen und gleichmäßig mit dem Teig befüllen; wenn Sie möchten, geben Sie jetzt noch eine Füllung darauf (siehe Seite 69 oben). Etwa 20–25 Minuten backen, dann auskühlen lassen.

3 Die Cupcakes gegebenenfalls noch etwas aushöhlen und füllen (siehe ebenfalls Seite 69 oben), bevor das Frosting oder eine Dekoration aufgebracht wird.

Hinweis: Wenn Sie farbigen Teig anfertigen wollen, geben Sie nach Schritt 1 Lebensmittelfarbe im gewünschten Farbton hinzu. Dann den Teig nochmals durchrühren, bis sich die Farbe gleichmäßig verteilt hat.

Zutaten

3 Eier
150 g Butter
150 g Zucker
150 g Mehl
1 TL Backpulver

Variationen im Teig (zusätzliche Zutaten)

Schokoladen-Cupcakes	Zitronen-Cupcakes	Vanille-Cupcakes	Mandel-Cupcakes	Weihnachts-Cupcakes
2 EL Backkakao 2 EL Milch	Schale einer unbehandelten Zitrone	Mark einer Vanilleschote	75 g des Mehls durch 75 g gemahlene Mandeln ersetzen 2 EL Amaretto 3 EL gehackte Mandeln	1 EL Backkakao 1 EL Rum 1 TL Lebkuchengewürz

Variationen in der Füllung

Vor dem Backen auf den Teig legen und etwas andrücken (sinkt beim Backen ein):

Kirschen
Apfelstückchen
Himbeeren
Johannisbeeren
Birnenstückchen
Mandarinenspalten
...

Nach dem Backen in das ausgehöhlte Küchlein füllen:

Konfitüre/Gelee
Nuss-Nougat-Creme
Karamellaufstrich
...

Zutaten
130 g Butter
200 g Puderzucker
130 g Frischkäse

Frosting

Die Butter mit dem Zucker und evtl. zusätzlichen Zutaten (siehe Varianten unten) cremig aufschlagen. Dann den Frischkäse löffelweise zugeben, dabei immer wieder kurz aufschlagen. Sollte das Frosting sehr weich sein (im Sommer gern der Fall) vor dem Aufspritzen eine halbe Stunde kaltstellen.

Variationen für das Frosting

Zitronen-Frosting	Karamell-Frosting	Weißes Schokoladen-Frosting	Bananen-Frosting	Himbeer-Frosting
Schale einer unbehandelten Zitrone zugeben	Puderzucker auf 150 g reduzieren, 100 g Karamellaufstrich zugeben	Butter auf 30 g reduzieren, Puderzucker auf 90 g reduzieren, 100 g geschmolzene weiße Schokolade zugeben	1 kleine reife Banane am Schluss **kurz** mit aufschlagen	Puderzucker auf 150 g reduzieren, 3 EL Himbeer-Konfitüre zugeben

Grundanleitung
Eiweißspritzglasur

Zutaten

1 großes Eiweiß (50 g)
200 g Puderzucker
Prise Salz
3 Tropfen Zitronensaft
ggf. einige Tropfen
Lebensmittelfarbe

Eiweißspritzglasur (ESG) eignet sich hervorragend sowohl für feine und detaillierte als auch für groß-flächige Dekorationen, wie z. B. bei der Weihnachts-torte auf Seite 64. Sie ist schnell herzustellen und kann aufgrund ihrer weißen Grundfarbe leicht in allen möglichen Tönen eingefärbt werden.

 Eiweiß und Salz mit dem Schlagbesen der Küchen-maschine oder den Quirlen des Handrührgeräts erst schaumig und dann sehr steif schlagen, dabei nach und nach den Puderzucker zugeben. Wenn das Eiweiß so steif ist, dass beim Herausziehen der Quirle Spit-zen entstehen, die knicken, geben Sie den Zitronensaft zu. Dann weiterschlagen bis die Spitzen beim Heraus-ziehen der Quirle stehenbleiben.

 Um die ESG zu färben, geben Sie am Schluss einige Tropfen Lebensmittelfarbe Ihrer Wahl zu und rühren Sie weiter, bis die ESG gleichmäßig eingefärbt ist.

Grundanleitung Torte

Torte backen und füllen

Dieses Rezept benutze ich sehr gern für Motivtorten, weil sowohl Teig als auch Füllung stabil und trotzdem sehr lecker sind. Es eignet sich aber auch fast jeder andere Kuchenteig und jede andere Füllung. Wählen Sie das, was Ihnen am besten schmeckt, es ist nur wichtig, dass die Füllung so stabil ist, dass sie nicht zwischen den Böden herausquillt. Verwenden Sie gegebenenfalls Gelatine zum Andicken.

Das Rezept ergibt einen „Tortenrohling" für Motivtorten mit ø 18–20 cm.

Kuchenböden

1 Den Ofen auf 180°C (Ober-/Unterhitze) vorheizen. Butter, Zucker und Eier schaumig schlagen, die übrigen Zutaten dazugeben. Alles gut miteinander verrühren.

2 Verteilen Sie den Teig auf zwei Springformen oder backen Sie die Kuchenböden in zwei Durchgängen, bis der Kuchen gar ist (ca. 40 Minuten). Machen Sie die Stäbchenprobe um zu sehen, ob der Kuchenboden durch ist. Bleibt beim Herausziehen eines Schaschlikstäbchens noch Teig daran hängen, muss der Kuchen noch einige Minuten backen.

3 Lassen Sie die Böden abkühlen und schneiden Sie sie dann mit einem Messer je einmal quer durch. Die vier Böden sind nun bereit, gefüllt zu werden.

Zutaten
für den Teig
125 g weiche Butter
250 g Zucker
2 Eier
2 EL Backkakao
250 ml Buttermilch
1/2 TL Salz
250 g Mehl
25 g Puddingpulver
1 TL Natron
1 TL Apfelessig

Hilfsmittel
Springform, ø 18 cm oder ø 20 cm

Füllung

1 Die Butter mit Zucker und Vanillemark cremig aufschlagen. Den Frischkäse nach und nach zugeben und unterrühren. Jetzt können Sie mit dem Füllen loslegen (Schrittbild 1).

2 Bestreichen Sie einen Kuchenboden mithilfe eines Messers gleichmäßig mit einem Drittel der Creme (Schrittbild 2). Dann legen Sie den nächsten Boden darauf und bestreichen diesen mit einem weiteren Drittel Creme. So fortfahren, bis alle Böden aufeinandergestapelt sind (Schrittbild 3). Stellen Sie den Tortenrohling mindestens eine Stunde kalt.

Zutaten
für die Füllung
100 g Zucker
100 g Butter
400 g Doppelrahm-frischkäse
Mark einer Vanille-schote

Torte fondanttauglich machen

Um eine Torte fondanttauglich zu machen, wird sie mit Buttercreme eingestrichen. Da Fondant hauptsächlich aus Zucker besteht, reagiert er sehr empfindlich auf Feuchtigkeit. Sahne, Frischkäse oder Pudding in der Tortenfüllung enthalten zu viel Feuchtigkeit und würden den Fondant von innen auflösen. Daher sind auch Buttercremes auf Puddingbasis nicht zum Einstreichen einer Torte mit Fondantdecke geeignet.

Die perfekte Buttercreme hat also einen geringen Wasseranteil und bildet so einerseits eine Schutzschicht zwischen Fondant und Tortenfüllung, andererseits bindet sie Kuchenkrümel und gleicht Unebenheiten aus. So wird der Untergrund für den Fondant perfekt glatt und keine Feuchtigkeit aus dem Inneren der Torte kann dem Fondant zu nahe kommen.

 Die Schokolade mit der Sahne im Wasserbad schmelzen und etwas abkühlen lassen. Geben Sie die Schokoladen-Sahne-Mischung zusammen mit der Butter und dem Zucker in eine Rührschüssel und schlagen Sie die Creme auf, bis sich ihr Volumen vergrößert und sie fast weiß wird.

 Die Buttercreme mit einer Palette oder einem breiten Messer möglichst glatt auf die gut gekühlte Torte streichen. Beginnen Sie mit den Seiten und streichen Sie gleichmäßig rundum (Schrittbild 1). Ein Drehteller ist dabei hilfreich. Streichen Sie auf diese Weise die ganze Torte ein. Die fondanttauglich gemachte Torte (Schrittbild 2) mindestens eine Stunde kalt stellen. Dann ist sie bereit, eingedeckt zu werden.

Torte eindecken

Das faltenfreie Eindecken einer Torte erfordert etwas Übung. Kaufen Sie also zur Sicherheit etwas mehr Fondant und machen Sie Ihre ersten Versuche nicht unbedingt unter Zeitdruck. Seien Sie nicht enttäuscht, wenn es nicht sofort perfekt funktioniert – Übung macht auch hier den Meister. Im Backfachhandel gibt es sogenannte Tortendummies aus Styropor. Diese werden normalerweise für Showtorten, die nicht zum Essen gedacht sind, verwendet. Man kann mit ihnen aber auch das Eindecken mit Fondant üben, ohne gleich eine Torte backen zu müssen.

Den Fondant kneten, bis er geschmeidig ist. Rechnen Sie aus, wie groß Sie den Fondant ausrollen sollten. Gehen Sie dabei nach folgender Formel vor: 2 x Höhe der Torte + 1 x Durchmesser der Torte = Durchmesser des ausgerollten Fondants.

 Es ist hilfreich, den Fondant beim Ausrollen immer wieder um 90 Grad bzw. ein Viertel zu drehen. So wird er gleichmäßig rund und haftet zudem nicht an der Arbeitsplatte. Um ihn über die Torte zu heben, rollen Sie ihn bis etwa zur Hälfte um den Ausrollstab herum locker auf, platzieren Sie ihn mittig auf der Oberseite der Torte und rollen die aufgerollte Hälfte wieder ab (Schrittbild 1).

 Den Fondant auf der Oberseite der Torte mit den Händen oder einem speziellen Glätter glattstreichen (Schrittbild 2). An den Seiten leicht auseinanderziehen, damit er sich nicht in Falten legt, dann den Fondant an den Seiten vorsichtig herunterstreichen (Schrittbild 3). Wenn sich Falten bilden, den Fondant etwas auseinanderziehen und erneut glätten. Auf diese Weise um die Torte herumarbeiten und den Fondant an die Torte anlegen.

 Mit einem Pizzaroller oder einem Messer um den Tortenabschluss – also den unteren Rand – herum den Fondant abschneiden (Schrittbild 4). Überschüssigen Fondant abnehmen.

Torte stapeln

Um eine Motivtorte richtig zu stapeln, braucht es etwas Geduld und Fingerspitzengefühl, denn mit dem einfachen Aufeinandersetzen der verschiedenen Teile ist es nicht getan, da die unteren Stockwerke sonst eingedrückt werden könnten. Lesen Sie sich, bevor Sie beginnen, die Anleitung in Ruhe durch.

Material
fertig dekorierte Tortenstockwerke
Tortenkarton oder Pappe, mit Alufolie bezogen, in der Größe der Torte
einige Trinkhalme

 Zum Stapeln stecken Sie zunächst drei bis vier Trinkhalme in das untere Stockwerk der Torte; die Enden müssen später vom nächsten Stockwerk verdeckt werden, berücksichtigen Sie bei der Verteilung daher die Größe des nächsten Tortenteils. Achten Sie darauf, dass die Trinkhalme gleichmäßig verteilt sind. Denken Sie sich dafür ein Quadrat oder ein Dreieck und wählen Sie die Eckpunkte. Die Trinkhalme genau an der Oberfläche der Torte abschneiden, sodass sie nicht herausstehen. Die Trinkhalme dienen quasi als „Stützpfeiler" für das nächste Tortenstockwerk.

 Setzen Sie nun das nächste Stockwerk der Torte auf einen Tortenkarton oder ein mit Alufolie bezogenes Stück Pappe, die genau auf die Grundform der kleineren Torte zugeschnitten wurden. Dann die kleinere Torte auf der Pappe auf dem unteren Stockwerk platzieren. Durch die Pappe können die Trinkhalme ihre Stützfunktion erfüllen, ohne Gefahr zu laufen, sich durch eventuell ungleichmäßig verteiltes Gewicht in das obere Stockwerk zu bohren.

Grundanleitung Fondant

Fondant ist eine hauptsächlich aus Zucker bestehende, weiße Masse, die von der Konsistenz her mit Knetmasse vergleichbar ist. Man kann Fondant selbst herstellen, allerdings wird selbst gemachter Fondant nie die Qualität von gekauftem erreichen. Vor allem zu Beginn ist es ratsam, sich auf die Techniken zu konzentrieren und Routine zu entwickeln, statt sich mit der Herstellung von Fondant abzumühen. In diesem Buch habe ich den Schwerpunkt daher auf die Weiterverarbeitung von Fondant gelegt.

Umgang mit Fondant

Da er an der Luft austrocknet, sollte Fondant immer luftdicht und bei Zimmertemperatur gelagert werden. Vor dem Verarbeiten muss Fondant zunächst immer geschmeidig geknetet werden.

Zum Ausrollen eignet sich ein spezieller Ausrollstab aus Kunststoff am besten, da er nicht am Fondant haftet. Außerdem ist es ratsam, die Arbeitsfläche mit etwas Stärke zu bestäuben.

Zum Modellieren kann man speziellen Modellierfondant verwenden. Dieser trocknet schneller durch, ist stabiler, aber auch etwas härter, und lässt sich noch dünner ausrollen. Er lässt sich sehr einfach aus normalem Fondant herstellen. Dafür 300 bis 400 g Fondant + 1 TL CMC (Carboxymethylcellulose) zusammenkneten und 24 Stunden quellen lassen. CMC ist ein Verdickungsmittel, man kann es online beziehen – oder Haftpulver für dritte Zähne kaufen, das häufig ausschließlich aus „Cellulose Gum" besteht.

Fondant färben

Zum Einfärben von Fondant verwendet man am besten pastöse Lebensmittelfarbe. Von dieser mit einem Zahnstocher etwas aus dem Döschen entnehmen und auf den Fondant streichen. Dann den Fondant übereinanderschlagen und so lange kneten, bis er homogen durchgefärbt ist.

Noch ein Wort zur Farbe: Flüssige Lebensmittelfarbe aus dem Supermarkt ist zum Einfärben von Fondant nicht gut geeignet, da sie aufgrund ihres hohen Wassergehalts die Konsistenz von Fondant beeinflusst, der dadurch klebrig wird. Grundsätzlich ist zu sagen, dass sich pastöse Lebensmittelfarbe zum Durchfärben eignet und pulverisierte zum Abpudern oder mit Alkohol (z. B. Wodka) angerührt zum Anmalen.

Fondant marmorieren

Marmorierter Fondant besteht aus einzelnen, verschieden durchgefärbten Fondantteilen, die nach folgender Technik zusammengeknetet werden:

 Aus jedem Teil (z. B. ein Teil roter Fondant, ein Teil weißer Fondant) einen Strang formen. Achten Sie darauf, dass alle Stränge gleich lang sind und drücken Sie sie etwas zusammen (Schrittbild 1).

 Alle Stränge rollen, sodass ein einzelner Strang entsteht. Legen Sie den Strang zu einem Z und drücken Sie es zusammen (Schrittbild 2). Wieder rollen, um einen einzelnen Strang zu formen. Wiederholen Sie diesen Vorgang 3–4 Mal um eine grobe Marmorierung zu erhalten und 5–6 Mal für eine feine Marmorierung. Legen Sie beim letzten Mal wieder ein Z und drücken Sie es zusammen (Schrittbild 3).

 Rollen Sie das zusammengedrückte Z aus, am besten mit einem Ausrollstab aus Kunststoff (Schrittbild 4). Bevor Sie den Fondant verwenden, werfen Sie auch einen Blick auf die Unterseite der marmorierten Platte, denn manchmal ist das Muster auf dieser Seite schöner geworden.

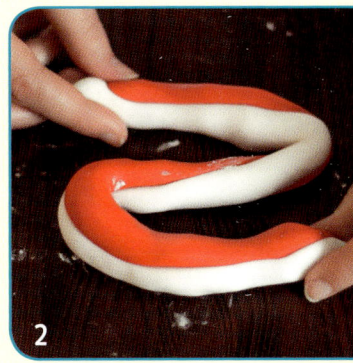
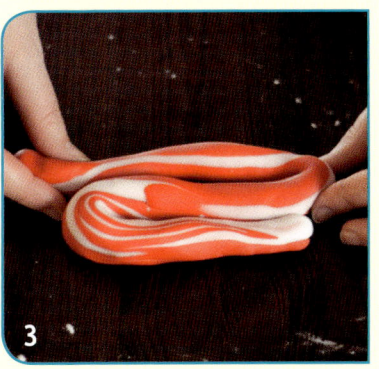

Vorlagen auf Fondant übertragen

Je nach Motiv gibt es zwei Möglichkeiten, Vorlagen auf Fondant zu übertragen:

Zunächst das Motiv von der Vorlage auf Transparentpapier übertragen, ausschneiden und auf den Fondant legen. Dann entweder mit einem Wheel Tool oder Messer ausschneiden oder das Transparentpapier mit einer feinen Nadel in regelmäßigen Abständen rundherum sowie dem Muster folgend durchstechen, sodass sich ein Umriss auf dem Fondant abzeichnet. Letztere Methode sollten Sie z. B. bei den Hennakeksen auf Seite 14 anwenden, wenn Sie das Muster nicht frei Hand aufspritzen möchten.

Rüschen und Blüten in Form bringen

Um aus Fondant ausgestochene Rüschen und Blüten in Form zu bringen, brauchen Sie ein Foam Pad oder eine ähnliche, weiche Unterlage mit glatter Oberfläche sowie ein Ball Tool. Platzieren Sie das ausgestochene Fondantteil auf dem Pad und fahren Sie mit leichtem Druck mit dem Ball Tool halb auf dem Fondant, halb auf dem Pad entlang. Auf diese Weise dünnt sich der Fondant aus und wird wellig. Dabei gilt: Je kleiner das Ball Tool, desto stärker wellt sich der Fondant.

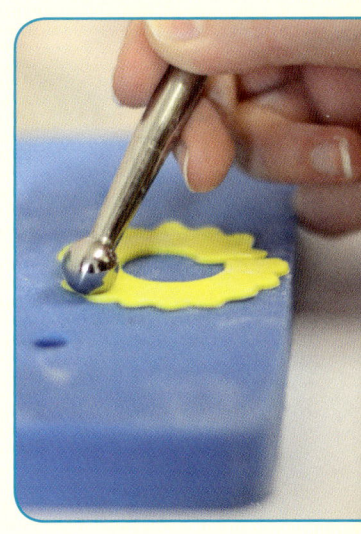

SOS!
Was mache ich, wenn . . .

. . . der Fondant weich wird?

Fondant wird weich und löst sich im schlimmsten Fall sogar auf, wenn er mit Feuchtigkeit in Verbindung kommt.
In so einem Fall kann man leider nichts mehr retten, sondern nur beim nächsten Mal vorbeugen, indem man die
Torte mit der richtigen Creme fondanttauglich macht (siehe
Seite 72). Frischkäse, Pudding, Sahne, Joghurt und Quark
enthalten zu viel Feuchtigkeit und sind damit nicht fondanttauglich.

. . . der Fondant schwitzt?

Bei sommerlichen Temperaturen kann es vorkommen,
dass der Fondant „schwitzt", wenn die Torte von einem
kühleren (Keller, Kühlschrank) an einen wärmeren Ort
gebracht wird. Die Luftfeuchtigkeit kondensiert dann an
der Torte. In so einem Fall verwende ich gerne einen Ven-
tilator, der der Torte Kühlung verschafft und sie trocknet.
Man kann aber auch einfach etwas abwarten, der Fondant wird davon in der Regel keinen Schaden nehmen.

. . . die Torte in den Kühlschrank muss?

Oft wird der Irrglaube verbreitet, dass die Feuchtigkeit
im Kühlschrank Fondant weich werden lasse. Im Regelfall
ist es im Kühlschrank aber nicht so feucht, dass das pas-
sieren könnte. Wird Fondant weich, so liegt die Ursache
fast immer an der Innenseite der Torte bzw. einer unge-
eigneten Creme unter dem Fondant. Sie können die Torte
also bedenkenlos in den Kühlschrank stellen. Beachten
Sie im Sommer jedoch, dass die Torte beim Herausneh-
men schwitzen kann (siehe auch oben).

. . . meine Zuckerdeko zerbricht?

Wenn durchgetrocknete Zuckerdekorationen zerbrochen
sind, helfen in einigen Fällen ein feiner Pinsel und Zuckerkleber. Für den Zuckerkleber kochen Sie 100 ml Wasser ab,
lassen es abkühlen und verrühren es mit 1 TL CMC
(siehe Seite 74). Lassen Sie den Kleber etwas quellen, er
dickt dann leicht ein. Bestreichen Sie die Bruchkanten
mit dem Kleber und setzen Sie sie vorsichtig zusammen.
Alternativ können Sie auch etwas Eiweißspritzglasur
verwenden. Sollte es nicht funktionieren, hilft nur noch
ein Neustart.

. . . die Farbe im Fondant zu hell oder zu dunkel ist?

Haben Sie beim Einfärben zu wenig Farbe hinzugefügt,
können Sie jederzeit nachfärben. Ein sattes Rot oder
Schwarz sind grundsätzlich relativ schwer zu erreichen,
weil man sehr viel Farbe zum Fondant geben muss, wo-
durch der Fondant jedoch klebrig und weich wird. Achten
Sie daher bei diesen Farbtönen darauf, spezielle, stärker
pigmentierte Lebensmittelfarben zu verwenden.

Ist der Fondant zu dunkel geraten, teilen Sie ein Drittel
der Menge ab und ersetzen Sie sie durch weißen Fondant. Gründlich durchkneten und das Ergebnis prüfen.

. . . der Fondant bricht?

Dann ist leider nichts mehr zu machen. Denn wenn
Fondant bricht, ist er trocken geworden und damit
unbrauchbar. Achten Sie daher immer darauf, nicht
verwendeten Fondant luftdicht aufzubewahren.

. . . der Fondant beim Eindecken reißt?

Wenn der Fondant beim Eindecken reißt, kann man
das mit gezielt aufgebrachter Dekoration kaschieren.
Ist es ein großer Riss, der sich nicht verstecken lässt,
sollten Sie den Fondant vorsichtig von der Torte lösen,
entsorgen und einen Neuversuch starten.

Kleine Werkzeugkunde

Hier sehen Sie die wichtigsten Werkzeuge, die Sie für die Gestaltung der kreativen Leckereien brauchen, im Überblick. Welches Werkzeug Sie für die Modelle benötigen, ist jeweils in der Anleitung unter dem Punkt „Hilfsmittel" vermerkt.

Die **Sugar Gun** ist eine Presse, in die man Fondant oder Modellierfondant hineinfüllt. Je nach Aufsatz entstehen so Grasbüschel, Kordeln, usw.

Das **Serrated and Tapered Cone Tool** prägt ein sternförmiges oder rundes Loch.

Das **Wheel Tool** funktioniert wie ein Pizzaroller in Miniatur.

Mit dem **Lebensmittelfarbstift** kann man kleine Details wie z. B. Augen aufmalen.

Ball Tools in verschiedenen Größen werden hauptsächlich benötigt, um Fondant auszudünnen. Je kleiner das Ball Tool, desto stärker wellt sich der Fondant.

Einen **Ausrollstab** aus Kunststoff sollte man zum Bearbeiten von Fondant im Haus haben, denn im Gegensatz zu einem Nudelholz bleibt der Fondant an der Kunststoffoberfläche nicht haften. Je nach Fondantmenge kann es sinnvoll sein, einen großen oder kleinen Ausrollstab zu wählen.

Patchwork Cutter sind Ausstecher, die ein Muster vorprägen, das man mit einem Skalpell oder dem Wheel Tool ausschneiden kann.

Der **Doppelrollschneider** sorgt dafür, dass völlig gleichmäßige Streifen geschnitten werden, die Breite ist einstellbar. Ein Zahnradaufsatz prägt „Nähte".

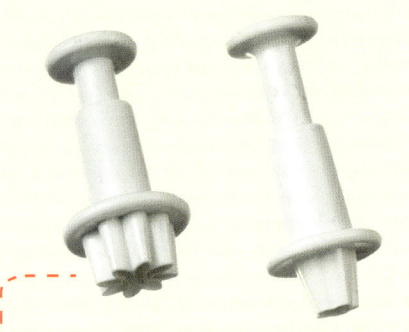

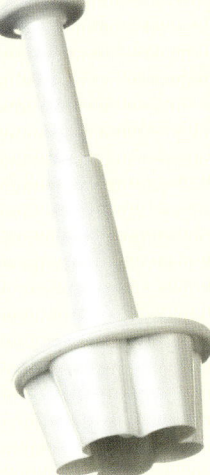

Ein **Modellier Pad** oder **Foam Pad** bietet eine glatte, weiche Unterlage, die ideal ist zum Ausdünnen von Fondant.

Ausstecher mit Auswerfer erleichtern die Arbeit, weil man mit ihnen ein Teil ausstechen und ggf. ein Muster (bei einigen Modellen ist ein solches im Auswerfer integriert) hineinprägen kann.

Grundausstattung

Die folgenden kleinen Helfer sollten Sie außerdem im Haus haben, wenn Sie mit dem Dekorieren beginnen. Sie werden für viele der Modelle benötigt und in den einzelnen Materiallisten nicht nochmals erwähnt.

Backblech	Kuchenpalette	Frischhaltefolie
Backpinsel	Schaschlikstäbchen	Backpapier
Wasserbad	Zahnstocher	Klebestift
feiner Pinsel	Alufolie	Schere
scharfes Messer		

Vorlagen

Hennakekse
Seite 14

Tischkärtchen
Seite 42

Vorlage bitte auf
125 % vergrößern

Cupcake-Wrapper
Seite 46/47

Christina Sambale wurde 1986 geboren und ist in der Nähe von Esslingen aufgewachsen. Sie hat schon immer gern gebacken, doch seit ihr Sohn zu seinem Geburtstag eine ganz besonders schöne Torte bekommen sollte, ist sie dem kreativen Backhobby endgültig „verfallen". Die Kenntnisse für dieses süße Kunsthandwerk hat sie sich selbst angeeignet. Nach dem Backen ihrer ersten Motivtorte im Jahr 2009 gewann sie nur zwei Jahre später auf der Hamburger Tortenshow Silber für eine Torte zum Thema Unterwasserwelt. Auf der Cake International London holte sie 2012 Bronze. Seit Januar 2012 betreibt Sie außerdem ihren Backblog „Christina's Catchy Cakes" unter www.christinascatchy-cakes.de. „Kreative Leckereien" ist ihr erstes Buch.

Dank

Ich danke meinem Liebsten und unserem Sohn, dass sie geduldig waren, Verständnis für das zwischenzeitliche Küchenchaos hatten und die Modelle (meistens) nicht gegessen haben. Außerdem danke ich meiner Freundin Raz Baziany, dass sie sich die Zeit genommen hat, die Entstehung der Leckereien für das Buch zu dokumentieren.
Und schließlich gilt mein besonderer Dank Marion Michel von Tolle Torten (www.tolletorten.com) und Josef Strerath von Torten-Kram (www.torten-kram.eu) für die großzügige Bereitstellung von Material für die süßen Dekorationen in diesem Buch.

Impressum

Fotos: frechverlag GmbH, 70499 Stuttgart; Raz Baziany (Porträt Seite 80, alle Arbeitsschrittfotos), Michael Ruder, lichtpunkt, Stuttgart (alle anderen Fotos)
Modelle: Christina Sambale
Produktmanagement und Lektorat: Beeke Heller
Satz und Layout: DOPPELPUNKT, Stuttgart
Druck und Bindung: Neografia, Slowakei

Hilfestellung zu allen Fragen, die Materialien und Bastelbücher betreffen:
Frau Erika Noll berät Sie. Rufen Sie an: 05052 / 911 858 (normale Telefongebühren)

1. Auflage 2013

© 2013 **frechverlag** GmbH, 70499 Stuttgart

ISBN 978-3-7724-5859-0
Best.-Nr. 5859